Sebastian Abendroth

Kulturtransfer aus den USA nach Russland

Amerikanische Codes of Conduct in russischen Unternehmen

Diplomica Verlag GmbH

Abendroth, Sebastian: Kulturtransfer aus den USA nach Russland. Amerikanische Codes of Conduct in russischen Unternehmen, Hamburg, Diplomica Verlag GmbH 2016

Buch-ISBN: 978-3-95934-979-6
PDF-eBook-ISBN: 978-3-95934-479-1
Druck/Herstellung: Diplomica® Verlag GmbH, Hamburg, 2016

Bibliografische Information der Deutschen Nationalbibliothek:
Die Deutsche Nationalbibliothek verzeichnet diese Publikation in der Deutschen Nationalbibliografie; detaillierte bibliografische Daten sind im Internet über http://dnb.d-nb.de abrufbar.

© Diplomica Verlag GmbH
Hermannstal 119k, 22119 Hamburg
http://www.diplomica-verlag.de, Hamburg 2016
Printed in Germany

Inhaltsverzeichnis

Tabellen- und Abbildungsverzeichnis

Abkürzungsverzeichnis

CSR	Corporate Social Responsibility
EBRD	Europäische Bank für Wiederaufbau und Entwicklung
IDA	Independent Directors Association
MMK	Magnitogorsk Iron and Steel Works
MTS	Mobile TeleSystems
NRO	Nichtregierungsorganisation
OECD	Organisation für wirtschaftliche Zusammenarbeit und Entwicklung
RID	Russian Institute of Directors
RuCoC	Russischer Code of Corporate Conduct
SOX	Sarbanes Oxley-Act
UNCTAD	Konferenz der Vereinten Nationen für Handel und Entwicklung
WTO	Welthandelsorganisation

I. Einleitung

1. Problemstellung und Aufbau

Am 22. August 2012 tritt die Russische Föderation nach 18-jährigen Verhandlungen als 156. Mitglied der Welthandelsorganisation WTO bei. Der Beitritt bildet einen Ausgangspunkt für eine stärkere weltwirtschaftliche Verflechtung des Landes. Ihm geht bereits auch eine internationale Öffnung russischer Unternehmen voraus (vgl. web[1]: PM Europäische Kommission). Ein Indikator dafür ist die Einführung von und das zunehmende Bekenntnis zu international akzeptierten Unternehmensführungspraktiken. So verfügen im Jahr 2011 bereits 31 Prozent der großen russischen Unternehmen über wertefundierte Verhaltenskodizes, obwohl diese in Russland eigentlich nicht geläufig sind (vgl. Belikov 2011, 27).

Ursprünglich stammt die Praktik aus den USA. Dort wird sie im Rahmen des Human Ressourcen Managements als unternehmenskulturelles Steuerungsinstrument eingesetzt. Sie fördert erwünschtes Mitarbeiterverhalten und sanktioniert Fehlverhalten. Da Unternehmen sich selbst zur Einhaltung gewisser ethischer Standards verpflichten, Transparenz signalisieren und somit Risiken minimieren, werden Verhaltenskodizes von Investoren und Ratingagenturen in der Regel honoriert.

In dieser Arbeit wird nun davon ausgegangen, dass die Praktik *Verhaltenskodex* aus dem amerikanischen kulturellen Kontext in den russischen kulturellen Kontext transferiert wurde. Hieraus ergibt sich die folgende zentrale Frage: Passten die russischen Unternehmen die Praktik *Verhaltenskodex* nach dem Transfer an ihren kulturellen und institutionellen Kontext an oder kopierten sie lediglich die amerikanische Praktik? Im Falle einer Anpassung ist darüber hinaus interessant, welche Änderungen vorgenommen werden bzw. wie genau sich die Praktik im Zielkontext von der im Ursprungskontext unterscheidet.

Mit der Fragestellung werden theoretische und empirische Erkenntnisziele verfolgt, weshalb sich der Hauptteil der Arbeit in zwei Teile gliedert. Im ersten Teil wird sich dem Transfer der Praktik Verhaltenskodex theoretisch genähert, während der zweite Teil das tatsächliche Resultat des Transfers, d.h. die Ausprägungen einer Auswahl existierender Verhaltenskodizes, untersucht.

Der *Theorieteil* beginnt mit einer Definition des Konzepts Verhaltenskodex. Des Weiteren werden die allgemeinen Funktionen beschrieben, die Verhaltenskodizes in Unternehmen erfüllen. Anschließend wird das Vorhandensein der Praktik in Russland mit Hilfe des Neoinstitutionalismus analysiert. Demnach sorgen unterschiedliche gesellschaftliche Kräfte dafür, dass sich Organisationsstrukturen und Prozesse je nach Kontext angleichen oder voneinander unterscheiden. Mit der Einführung von Verhaltenskodizes reagieren russische Unternehmen auf diesen institutionellen Druck. Ein Akzent liegt hierbei auf gesetzlichen Bestimmungen bezüglich der Praktik in Russland und den USA. Im nächsten Schritt wird der Transfer der Praktik aus einer kulturkontrastiven Perspektive beleuchtet. Dazu wird das Managementinstrument als Artefakt angesehen, welches auf den kulturellen Grundannahmen der USA basiert und kulturgebunden ist. Verhaltenskodizes in russischen Unternehmen sind in diesem Sinne das Ergebnis von Kulturtransfer. Warum es dabei zu einer Anpassung an den neuen kulturellen Kontext kommen muss, wird u.a. anhand des semiotischen Konzepts der *Rekontextualisierung* begründet. Schließlich werden die kulturellen Grundannahmen, die in den USA die Entstehung und Verbreitung des Artefakts begünstigt haben, aufgeführt und mit denen Russlands verglichen. Die dadurch veran-schaulichten Diskrepanzen zwischen beiden Kulturen erlauben Rückschlüsse auf mögliche Anpassungen des Artefakts in seinem neuen Kontext.

Aufbauend auf den theoretischen Überlegungen werden aktuelle wertefundierte Verhal-tenskodizes amerikanischer und russischer Unternehmen im *zweiten Teil* der Arbeit empirisch untersucht und einander gegenübergestellt. Aus dem Vergleich der kulturellen Grundannahmen werden hierzu besondere Erkenntnisschwerpunkte abgeleitet. Da sich die Dokumente sowohl inhaltlich als auch stilistisch unterscheiden können, werden bei der Analyse zwei verschiedene Methoden angewandt: die qualitative Inhaltsanalyse nach Mayring (2010) und die Analyse kulturspezifischer Vertextungselemente nach Bolten et al (1996). Auf die Begründung der Auswahl der zu analysierenden Verhaltenskodizes, folgt die Bildung inhaltlicher Kategorien. Die Dokumente werden dann entsprechend kodiert und ausgewertet. Vorher festgelegte stilistische Charakteristika werden dagegen durch eine Frequenzanalyse der jeweiligen Vertextungselemente herausgearbeitet. Anschließend werden die Ergebnisse beider Methoden im Licht der theoretischen Vorüberlegungen wiedergegeben und eingeschätzt. Der Schluss gibt, neben einem Fazit, einen Ausblick zum weiteren Forschungsbedarf hinsichtlich des Transfers von Managementpraktiken im Allgemeinen und von Verhaltenskodizes im Speziellen.

2. Forschungsstand

Diese Arbeit knüpft an die Erkenntnisse vorangegangener Forschungen in diesem Gebiet an. Allgemein beschäftigen sich mit dem Transfer und der Anpassung bzw. Adoption von Managementpraktiken Vertreter des Institutionalismus (z.b. Meyer/Rowan 1977; Kostova 1999), der Diffusionstheorie (z.b. Rogers 1995; Ansari et al 2010) und der Interkulturellen Kommunikation (z.b. Lüsebrink 2008; Brannen 2004; D'Iribarne/Henry 2007).

Einen grundlegenden Überblick zum Forschungsstand bezüglich Verhaltenskodizes seit 1994 geben Helin & Sandström (2007). Sie unterteilen die bisherigen Studien danach, ob sie sich auf Inhalt, Output bzw. Effektivität oder Implementierung von Verhaltenskodizes konzentrieren. Kaptein (2004) analysiert bspw. den allgemeinen Inhalt der Kodizes, während andere Forschungsarbeiten bereits landesspezifische Inhalte in den Dokumenten und somit eine Anpassung feststellen konnten. Dazu gehört die Arbeit von Langlois & Schlegelmilch (1990), welche die Verhaltenskodizes von US-amerikanischen und europäischen Unternehmen vergleicht. Auch Singh et al (2005) finden inhaltliche Unterschiede zwischen kanadischen, australischen und schwedischen Kodizes. Mit der Konvergenz von Verhaltenskodizes innerhalb US-amerikanischer Unternehmen befassen sich Holder-Webb & Cohen (2011). Sie analysieren aus institutioneller Sicht die Inhalte amerikanischer Verhaltenskodizes und stellen dabei branchenübergreifend ein hohes Maß an Homogenität fest. Es gibt also eine Vielzahl inhaltsbezogener Studien zu Verhaltenskodizes – Analysen zum kulturellen Stil der Praktik ließen sich dagegen nicht finden. Deshalb wird hier auf Bolten et al (1996) verwiesen, die anhand von Geschäftsberichten stilistische Eigenheiten in Dokumenten für unterschiedliche kulturelle Zielgruppen nachweisen konnten. Studien, die innerhalb von multinationalen Unternehmen durchgeführt wurden, betrachten vor allem die Folgen eines unreflektierten Transfers von Verhaltenskodizes auf Tochterunternehmen im Ausland. Hierzu gehören u.a. die Fallstudien von Blazejewski (2006), Helin & Sandström (2008) und Barmeyer & Davoine (2011).

Ethisches Handeln in Unternehmen wird sehr ausführlich bei Kaptein & Wempe (2002) thematisiert und klassifiziert. Anhand des Kulturmodells von Schein (2004), entschlüsselt Palazzo (2000, 2002) die kulturellen Grundannahmen zur Wirtschaftsethik in den USA und vergleicht sie mit denen Deutschlands. Ihre Arbeit bildet hier einen Ankerpunkt beim Vergleich der amerikanischen und russischen Grundannahmen. Unter anderem Buss (1989), Apressyan (1997) sowie die noch unveröffentlichte Dissertation von Frank (2012) analysieren dagegen das russische Wirtschaftsethikverständnis. Daneben begleiten und untersuchen Puffer & McCarthy (1995, 2003, 2008), sowie McCarthy & Puffer (2002) die

Einführung von Corporate Governance und wertefundierten Managementpraktiken in russischen Unternehmen. Kulturelle Eigenheiten Russlands werden darüber hinaus in unzähligen Forschungsarbeiten thematisiert, empirisch erfasst und z.t. mit denen der USA verglichen. Die Arbeiten von Kets de Vries et al (2004), Beekun et al (2003) und Robertson et al (2003) werden hier nur beispielhaft genannt. Sie stellen besonders die Formulierung der kulturellen Grundannahmen Russlands auf ein stabiles Fundament.

3. Limitationen

Untersuchungsgegenstand dieser Arbeit ist ausschließlich die wertefundierte Managementpraktik *Verhaltenskodex*. Die enge Definition von Verhaltenskodizes und die Abgrenzung zu anderen Konzepten im nächsten Kapitel schränkt auch die Reichweite der Ergebnisse ein. Da sich nur auf die Dokumente und deren Unterschiede konzentriert wird, bleibt der eigentliche Transferprozess sowie die tatsächliche Wirkung bzw. Rezeption der Verhaltenskodizes in den betroffenen Organisationen im Dunklen. Die Beschränkung der Analyse auf Kodizes aus zwei Ländern muss mit dem begrenzten Umfang dieser Arbeit begründet werden. Um die Komplexität zu reduzieren, wird im vorliegenden Fall von einem *bipolaren* Kulturtransferprozess zwischen den USA und Russland ausgegangen. Es kann allerdings nicht ausgeschlossen werden, dass die Praktik in Einzelfällen über mehrere Stationen nach Russland getragen und damit von Einflüssen anderer Kulturen verzerrt wurde. Zudem wird davon ausgegangen, dass Verhaltenskodizes innerhalb ihres Kulturkreises ein Mindestmaß an Homogenität vorweisen. Die Quelle des Untersuchungsmaterials sorgt für weitere Limitationen der Forschungsergebnisse, denn es werden ausschließlich Dokumente analysiert, die zuvor von Firmen im Internet veröffentlicht wurden. Bezüglich russischer Unternehmen ist jedoch festzustellen, dass „[i]f companies have such codes, they usually publish them on their websites." (Belikov 2011, 27). Da lediglich 15 Verhaltenskodizes untersucht werden, besitzt der empirisch-methodische Teil einen Fallstudiencharakter. Außerdem muss bei der Herleitung der kulturellen Grundannahmen auf eine ausführliche kulturhistorisch-philosophische Analyse von Wirtschaftsethik-Theorien in den jeweiligen Ländern verzichtet werden. Stattdessen wird auf Ergebnisse unterschiedlicher Studien zurückgegriffen und auf weiterführende Literatur verwiesen. Begründet wird das damit, dass das Augenmerk dieser Arbeit eher auf den möglichen Anpassungen einer kulturgebundenen Managementpraktik im Zielkontext liegt.

II. Theorieteil

1. Definition und Funktionen von Verhaltenskodizes in Unternehmen

Zuerst ist es nötig, das Konzept *Verhaltenskodex* zu definieren und gegenüber verwandten Praktiken abzugrenzen: Wertefundierte Verhaltenskodizes sind Dokumente, die aus dem ethischen Wertesystem eines Unternehmens Erwartungen und Regeln hinsichtlich des Mitarbeiterverhaltens ableiten, sowie eine Verantwortung des Unternehmens gegenüber Stakeholdern kommunizieren (vgl. Kaptein 2004, 13). Im Folgenden werden die Begriffe *Kodex, wertefundierter Verhaltenskodex, Code of (Business) Conduct* und *Corporate Code of Ethics* synonym verwendet. Sie sind, neben Ombudsmännern, Ethik-Hotlines und Verhaltenstrainings, oft ein Bestandteil einer breiter angelegten Business Ethik-Initiative eines Unternehmens (vgl. Palazzo 2002, 196).

Da sich diese Arbeit ausschließlich auf das Instrument Verhaltenskodex konzentriert, werden flankierende Praktiken genauso wie Konzepte und Dokumente, die sich ausnahmslos auf soziale Unternehmensverantwortung bzw. Corporate Social Responsability (CSR) beziehen, im Folgenden nicht weiter betrachtet. Anders als beim horizontalen Transfer von Verhaltenskodizes von Mutter- zu Tochterunternehmen, wird hier davon ausgegangen, dass die Gestaltung und Kontrolle der Praktik im Verantwortungsbereich des jeweiligen Unternehmens liegt. Damit unterscheiden sie sich von länderübergreifenden und branchenweiten Codes, wie bspw. dem „Kodex über die Arbeitsbedingungen in der Bekleidungs- und Sportartikelindustrie", die meist von unabhängigen externen Akteuren erstellt und überwacht werden. Es gibt außerdem Codes of Conduct, die sich ausschließlich an Shareholder richten und in denen sich Unternehmen bspw. zur regelmäßigen Veröffentlichung von Geschäftszahlen und Besitzverhältnissen verpflichten. Da Verhaltenskodizes, im Sinne dieser Arbeit, sowohl eine *interne* als auch eine *externe* Stoßrichtung besitzen müssen (vgl. Singh et al 2005, 92), werden derartige Dokumente nicht weiter untersucht.

Die Praktik wertefundierter Verhaltenskodex gehört zum Human Ressourcen Management und ist gleichzeitig Bestandteil der *Corporate Governance*, d.h. der Grundsätze guter Unternehmensführung und -kontrolle: Mit Hilfe der Kodizes schränken Unternehmen den Handlungsspielraum ihrer Angestellten ein. Verhalten, das den Interessen des Unternehmens zuwiderläuft und Unternehmensziele gefährdet, soll damit unterbunden werden. Erwünschtes Verhalten wird angestrebt (vgl. Kaptein 2004, 13).

Anhand von Verhaltenskodizes formalisieren und standardisieren Firmen ihre Organisationskultur. Sie geben Mitarbeitern in normativ ambivalenten Situationen Orientierung im

Sinne der *Corporate Identity* (vgl. Palazzo 2002, 196). Mit anderen Worten handelt es sich bei der Praktik um ein umfangreiches unternehmenskulturelles Steuerungsinstrument, das aus abstrakten Unternehmenswerten abgeleitet wird (vgl. Bondy et al 2004, 449). Dies setzt voraus, dass Unternehmen davon ausgehen, Mitarbeiterverhalten durch formelle Regeln effektiv lenken zu können und Vorteile in einer kohärenten Organisation sehen.

Generell müssen Mitarbeiter die Verhaltensvorgaben durch Unterschrift einer Annahmeerklärung verbindlich zur Kenntnis nehmen (vgl. Helin/Sandström 2007, 253). Codes of Business Conduct entfalten dadurch einen Vertragscharakter zwischen Mitarbeiter und Organisation, sind jedoch nicht per se rechtlich verbindlich. Denn Sanktionsmechanismen, die im Kodex enthalten sein können, müssen im Einklang mit dem lokalen Arbeitsrecht stehen, um wirksam zu werden. Die Überwachung der Regeltreue bzw. Compliance erfolgt meist anhand der freiwilligen Selbstkontrolle. Dabei können Mitarbeiter von ihnen festgestellte Verstöße gegen den Ethik-Kodex anonym melden. Dieser Vorgang wird *Whistle Blowing* genannt (vgl. Barmeyer/Davoine 2011, 9).

Neben den Mitarbeitern richten sich Verhaltenskodizes auch an externe Stakeholder (vgl. Bondy et al 2004, 450). Als Teil der Corporate Governance und der CSR-Politik senden die Dokumente ein positives Signal an Investoren, Kunden, Lieferanten und Partner aus und werden diesen Akteuren deshalb grundsätzlich zugänglich gemacht. Indem Unternehmen sich öffentlich zu einem ethisch verantwortungsvollen Verhalten verpflichten, schaffen sie Vertrauen und beweisen die Legitimität ihrer Handlungen (vgl. Kaptein 2004, 13; Barmeyer/Davoine 2011, 10). Zudem geben sie externen Interessenvertretern die Möglichkeit das Verhalten der Mitarbeiter einzuschätzen und sich gegebenenfalls darüber zu beschweren. In der Wahrnehmung der Stakeholder sinken dadurch die Risiken, die von einer Interaktion mit dem betreffenden Unternehmen ausgehen. Darüber hinaus kommuniziert das Unternehmen durch eine effektive freiwillige Selbstkontrolle in Form des Verhaltenskodex, dass staatliche Regulierungen nicht notwendig sind. Es sichert sich dadurch ein gewisses Maß an Autonomie.

Sofern sie effektiv funktionieren, können Verhaltenskodizes auch eine Antwort auf die Prinzipal-Agent Problematik geben, mit der Unternehmen konfrontiert werden (vgl. Puffer/McCarthy 2008, 13f). Denn sie erhöhen dann sowohl die Transparenz in der Beziehung zwischen Unternehmen und Mitarbeitern als auch zwischen Unternehmen und externen Stakeholdern.

2. Neoinstitutionelle Perspektive

Warum führen russische Unternehmen die amerikanische Managementpraktik Verhaltenskodex ein? Institutionelle Theorien werden oft herangezogen, um die Verbreitung von Managementpraktiken in Unternehmen zu untersuchen. Anstelle von Effizienzüberlegungen der Organisationen, machen sie in erster Linie Normen und soziale Erwartungen der institutionellen Umwelt für die gegebenen Strukturen und Prozesse in Organisationen verantwortlich. Im Folgenden wird der Einfluss der institutionellen Umwelt auf die Einführung von Verhaltenskodizes in den USA und Russland betrachtet.

2.1 Der Institutionelle Isomorphismus

Konventionelle Organisationstheorien gehen mit Verweis auf Max Weber davon aus, dass sich neue Organisationspraktiken aufgrund rational-funktionaler Überlegungen weltweit durchsetzen. Unternehmen, die neue effizienzsteigernde Techniken einführen, verschaffen sich demnach Wettbewerbsvorteile gegenüber Organisationen, die dies versäumen (vgl. Meyer/Rowan 1977, 342; DiMaggio/Powell 1983, 147f). Auch innerhalb von Organisationseinheiten, z.B. zwischen Mutter- und Tochterunternehmen, werden Strukturen und Prozesse angeglichen, um Kosten sowie Koordinations- und Kommunikationsaufwand zu verringern (vgl. Edwards 2008, 391f).

Im Gegensatz zu innovativen Produktionstechniken wirken sich Managementpraktiken jedoch meistens nicht unmittelbar auf die Wettbewerbsfähigkeit und Effizienz eines Unternehmens aus. Ihr Nutzen kann nur schwer in Zahlen gefasst werden und ist mitunter umstritten. Meyer & Rowan (1977, 347) argumentieren, dass es sich bei formalen Organisationspraktiken um institutionalisierte Mythen handelt, denen nur aufgrund von Vermutungen rationale Effektivität zugeschrieben wird. Formale Strukturen und Prozesse werden demnach in erster Linie eingeführt, um institutionalisierten Erwartungen der Umwelt zu entsprechen. Es kommt folglich zu einer *Abkopplung* dieser Praktiken von den eigentlichen operativen Aktivitäten der Organisation. Um daraus resultierenden Konflikten zu begegnen, werden Kontroll- und Evaluationsmaßnahmen der formalen Praktiken verwässert bzw. nur symbolisch durchgeführt (vgl. Meyer & Rowan 1977, 356f). Der Erfolg eines Unternehmens wird in diesem Verständnis nicht ausschließlich von der effizienten Steuerung und Koordination der Produktionsmittel determiniert. Er hängt gleichermaßen davon ab, wie gut eine Organisation mit ihren Strukturen und Prozessen die Anforderungen und Erwartungen der Umwelt erfüllt. Die damit verbundenen Legitimitätsüberlegungen stehen im Mittelpunkt des *institutionellen Isomorphismus*.

DiMaggio und Powell (1983, 150) unterscheiden *erzwungene, mimetische und normative Mechanismen* institutionellen Anpassungsdrucks. Formeller und informeller politischer Druck, gesetzliche Bestimmungen und kulturelle Erwartungen innerhalb einer Gesellschaft zwingen Organisationen zur Konformität. Organisationen, die sich dieser erzwungenen Anpassung widersetzen, riskieren Strafen und Legitimitätsverlust.

Organisationen neigen außerdem dazu erfolgreiche Konkurrenten nachzuahmen. Bei der Verbreitung von Modeerscheinungen im Management spielt die organisationsinterne Unsicherheit eine entscheidende Rolle (vgl. DiMaggio/Powell 1983, 151). Dass Managementpraktiken erfolgreicher japanischer Unternehmen in den 80er Jahren in amerikanischen Unternehmen eingeführt wurden, lässt sich z.b. darauf zurückführen. Solche Moden verbreiten sich beabsichtigt und unbeabsichtigt durch Personalfluktuation, Standortwechsel und Mittlerorganisationen, wie Unternehmensberatungen oder Branchenverbände (vgl. DiMaggio/Powell 1983, 151; Peters 2004, 52f).

Eine dritte Quelle von organisationalem Anpassungsdruck hängt mit Professionalisierungsprozessen innerhalb von Berufsgruppen zusammen. Dieser *normative Isomorphismus* basiert bspw. auf der Sozialisation von Angestellten in einer formalen Berufsausbildung und in einheitlichen Berufsdefinitionen. Die Homogenisierung der Mitarbeiterschaft sorgt schließlich für eine organisationsübergreifende Angleichung von Strukturen und Prozessen (vgl. DiMaggio/Powell 1983, 152).

Im Folgenden werden die institutionellen Kräfte, die zur Einführung von Verhaltenskodizes in amerikanischen und russischen Unternehmen geführt haben, genauer untersucht. Sie stehen vor allem in Zusammenhang mit einer breiter angelegten Politik guter Unternehmensführung und -kontrolle bzw. Corporate Governance.

2.2 Isomorphe Kräfte in den USA

Bereits Langlois & Schlegelmilch (1990, 520) stellen Anfang der 90er Jahre fest, dass Wirtschaftsethik und damit verbundene Praktiken Einzug in die Curricula vieler amerikanischer Business Schools und Universitäten gehalten haben. Die Bildungseinrichtungen tragen damit zum normativen Isomorphismus bezüglich wertefundierter Verhaltenskodizes bei.

Weiterhin existiert in den USA eine Reihe von gesetzlichen Regelungen, welche isomorphen Druck auf Unternehmen ausüben können. Die Federal Sentencing Guidelines von 1984 vereinheitlichten die amerikanische Rechtssprechung bei schwerwiegenden Gesetzesverstößen von Organisationen und deren Mitgliedern. Sie schaffen außerdem Anreize zur Einführung von Firmen-Ethikprogrammen. Denn wenn Unternehmen Maßnahmen treffen, die sicherstellen, dass ihre Mitarbeiter sich an Gesetze halten, können sie laut Federal Sentencing Guidelines bei Gesetzesverstößen der Mitarbeiter mit einem reduzierten Strafmaß rechnen (vgl. Holder-Webb/Cohen 2011, 14; Palazzo 2002, 196). Die Verbrechen, die Mitarbeiter eines Unternehmens demnach am häufigsten begehen, sind Betrug, Insider Handel, Korruption sowie Verstöße gegen den Foreign Corrupt Practices Act von 1977. Diesen Delikten kann unternehmensintern z.b. mit wertefundierten Verhaltenskodizes begegnet werden.

Um nach den Betrugsskandalen um die Unternehmen Enron und Worldcom das Vertrauen in amerikanische Unternehmen wiederherzustellen und die allgemeine Legitimitätskrise der Wirtschaft zu beenden, wurde im Jahr 2002 der Sarbanes Oxley-Act (SOX) verabschiedet (vgl. Holder-Webb/Cohen 2011, 3). Abschnitt 406 des SOX verpflichtet alle Unternehmen, die an US-amerikanischen Börsen gehandelt werden, zur Veröffentlichung von Ethik-Kodizes (web[2]:SOX). Im SOX wird Verhaltenskodex definiert als:

> "[...] such standards as are reasonably necessary to promote – (1) honest and ethical conduct, including the ethical handling of actual or apparent conflicts of interest between personal and professional relationships; (2) full, fair, accurate, timely, and understandable disclosure in the periodic reports required to be filed by the issuer; (3) compliance with applicable governmental rules and regulations; (4) prompt internal reporting to an appropriate person or persons identified in the code of violations of the code and (5) accountability for adherence to the code" (web[2]:SOX).

Einerseits zwingt der SOX Unternehmen zu Isomorphismus. Andererseits obliegt die präzise Ausgestaltung der Verhaltenskodizes den einzelnen Firmen. Um deren spezifischen ethischen Herausforderungen gerecht zu werden, sollen sich die Dokumente ausdrücklich von Unternehmen zu Unternehmen unterscheiden, (vgl. web[2]:SOX). Die Unsicherheit, die der SOX durch diese inhaltliche und formale Gestaltungsfreiheit der Kodizes erzeugt, sorgt allerdings für mimetischen Isomorphismus. Bei einer empirischen Untersuchung der Inhalte US-amerikanischer Verhaltenskodizes konnten Holder-Webb & Cohen (2011, 17) mit Ausnahme der Pharmaindustrie, keine signifikanten branchenspezifischen Charakteristika feststellen. Dass kurzfristig nicht ersichtlich wird, wie effektiv die Kodizes wirklich sind, verstärkt die Unsicherheit und den Nachahmungsdruck bei den Firmen noch weiter. Der gesetzliche Rahmen der USA stellt eine Verpflichtung zur Selbstverpflichtung dar, die Unternehmen bei Fehlverhalten bestraft. Auch russische Unternehmen müssen, wenn sie an den wichtigen US-Börsen präsent sein wollen, gemäß SOX einen Verhaltenskodex einführen[1].

2.3 Isomorphe Kräfte in Russland

Das nationale russische Recht verpflichtet Unternehmen *nicht* zur Einführung und Veröffentlichung von wertebasierten Verhaltenskodizes (vgl. Belikov 2011, 27). Die bestehenden gesetzlichen Regelungen decken bereits die grundsätzlichen Prinzipien der verantwortungsvollen Unternehmensführung ab. Gesonderte staatliche Initiativen konzentrieren sich dabei vor allem auf die Korruptionsbekämpfung. Das russische Arbeitsgesetzbuch zählt darüber hinaus unter Artikel 81 Arbeitspflichtverletzungen unter Alkohol- oder Drogeneinfluss, die Entwendung oder Zerstörung von Betriebseigentum und die Preisgabe von Geschäftsgeheimnissen als legitime Kündigungsgründe auf (vgl. web[3]: Arbeitsrecht, 19). Ein Problem stellen diesbezüglich nicht Gesetzeslücken, sondern die Anwendung und Durchsetzung der Gesetze in Russland dar (vgl. Puffer/McCarthy 2003, 295). Weiterhin sind vor allem Initiativen zu beobachten, die die unternehmensübergreifende Festlegung von Verhaltensstandards anstreben. Dazu gehört, neben den brancheninternen Ethik-Kodizes von Wirtschaftsverbänden, auch der 2004 geschaffene „Kodex des Patriarchen über moralische Prinzipien und die Regeln des Geschäftslebens" (russ: *Свод нравственных принципов и правил в хозяйствовании*) (web[4]: Patriarch 2004), welcher sich an den Zehn Geboten und an russischen kulturellen Traditionen orientiert. Er ist die Antwort der orthodoxen Kirche auf die Unsicherheit und Orientierungslosigkeit hinsichtlich ethischen Verhaltens russischer Unternehmen. Die kollektiven Verhaltensrichtlinien stellen jedoch eher eine Alternative zur wirtschaftsethischen Selbstregulierung durch unternehmensinterne Verhaltenskodizes dar. Dennoch können sie von Firmen herangezogen werden, um letztere auszuformulieren.

Da der Gesetzgeber nicht lückenlos alle Bereiche der Unternehmensführung regulieren kann und ohnehin viele damit verbundene Fragen ethischer und nicht rechtlicher Natur sind, setzt der russische Staat zunehmend auf unternehmerische Selbstregulierung (vgl. web[5]: RuCoC 2002, 2). Im Jahr 2002 gab die Staatliche Russische Finanzmarktaufsicht (russ: *Федеральная служба по финансовым рынкам*) zusammen mit der Europäischen Bank für Wiederaufbau und Entwicklung (EBRD) einen russischen Code of Corporate

---

[1] Es wird angenommen, dass mittlerweile alle amerikanischen börsennotierten Unternehmen durch ihre rechtliche Verpflichtung über einen Verhaltenskodex verfügen. Eine aktuelle Studie dazu ließ sich nicht finden. Im Jahr 2001 – und damit vor Einführung des SOX, hatten 53 Prozent der größten amerikanischen Firmen Verhaltenskodizes (vgl. Kaptein 2004, 25).

Conduct (RuCoC) heraus. An den in diesem Dokument beispielhaft aufgeführten Unternehmensführungspraktiken können sich russische Firmen bei ihrer Selbstregulierung freiwillig orientieren. Der RuCoC basiert dabei vorwiegend auf den Grundannahmen des amerikanischen Corporate Governance Systems und wurde zudem von den Prinzipien der Organisation für wirtschaftliche Zusammenarbeit und Entwicklung (OECD) beeinflusst (vgl. McCarthy/Puffer 2002, 633). In einem Unterpunkt *empfiehlt* der RuCoC die Bildung eines Ethik-Komitees, das interne Ethik-Standards ausarbeitet, welche innerhalb des Unternehmens Vertrauen aufbauen sollen:

"These Ethical Standards should reflect the company's social responsibilities and, in particular, state its duty to maintain high standards of quality for its products, comply with environmental and safety regulations, as well as the company's awareness of the need to develop and implement new technologies and improve conditions of labor. In addition, the Ethical Standards should prevent the officers of the company from misusing their authority to the detriment of the company and third parties through, among other things, illegal use of confidential and insider information. The Ethical Standards should be designed to reflect fundamental social values, such as honesty, mutual respect, and equity, and business principles, such as profitability, customer satisfaction, quality of products, workplace health care, safety and efficiency of labor. It is recommended that the ethics committee should detect and prevent violations of the applicable legislation and ethical standards." (web[5]: Ru-CoC 2002, 37).

Diese Definition wertefundierter Verhaltenskodizes ist hinsichtlich der Inhalte um einiges präziser als die des SOX und weicht inhaltlich etwas von ihr ab. Die unternehmensinternen Ethik-Komitees, die diese Standards laut RuCoC selbstständig weiter ausformulieren sollen, können neben den unternehmensübergreifenden Wirtschaftsethik-Leitlinien, auf verschiedene Inspirationsquellen zurückgreifen: Russische Manager die die Praktik aufgrund eines westlichem Bildungshintergrunds oder Arbeitserfahrungen in ausländischen Unternehmen kennen- und schätzen gelernt haben, können in das Ethik-Komitee berufen werden. Sofern die Auslandsgesellschaften russischer Konzerne in ihren Gastländern über Verhaltenskodizes verfügen, kann eine Wanderung des Instruments von Peripherie zum Zentrum stattfinden. Edwards (1998, 696) nennt dieses Phänomen aus diffusionstheoretischer Sicht *entgegengesetzte Diffusion*. Naheliegend für russische Firmen ist es außerdem, sich an Verhaltenskodizes ausländischer Firmen zu orientieren. Hierfür bieten sich besonders internationale Konzerne an, die diese Praktik erfolgreich auf russische Tochterunternehmen übertragen konnten oder Branchenführer sind. Beim Erfahrungsaustausch werden russische Firmen bei Bedarf aktiv von Plattformen, wie dem Weltwirtschaftsforum oder dem International Business Leaders Forum unterstützt[2].

---

[2] Letzteres veröffentlichte bspw. 2012 unter dem Titel „Improving Business Ethics and Reducing Risk of Corruption. Experience of Russian and Multinational Companies" exemplarisch Erfahrungen und Ratschläge

Durch den Schulterschluss namhafter westlicher Unternehmen in derartigen Initiativen soll offensichtlich Anpassungsdruck auf russische Firmen erzeugt werden. Dies spielt deshalb eine wichtige Rolle, da der RuCoC keinen regulativen Zwang zur Einführung von Verhaltenskodizes erzeugen kann. Der dazu nötige Druck soll stattdessen von den Märkten kommen (vgl. McCarthy/Puffer 2002, 633). Um bei ausländischen Investoren, Partnern und Kapitalgebern Vertrauen aufzubauen, müssen russische Firmen selbstständig *international* anerkannte Unternehmensführungspraktiken einführen. Ihr Antrieb ist dabei in erster Linie das Streben nach Legitimität. Dies gilt besonders dann, wenn die Unternehmen aus kapitalintensiven Branchen kommen, weltweit expandieren wollen oder auf ausländische Kunden und Zulieferer angewiesen sind. Der zur Jahrtausendwende als politisches Ziel formulierte WTO-Beitritt Russlands erhöhte den Internationalisierungsdruck auf die russische Wirtschaft und gab einen zusätzlichen Anlass zur Einführung von neuen Corporate Governance-Praktiken (vgl. Puffer/McCarthy 2003, 286).

Überwacht und begleitet werden diese Entwicklungen in Sachen Unternehmensführung in Russland von verschiedenen NROs. Auf internationaler Ebene berücksichtigt bspw. die Konferenz der Vereinten Nationen für Handel und Entwicklung in ihren Ländervergleichen, inwieweit dort wertefundierte Verhaltenskodizes veröffentlicht werden (vgl. web[7]: UNCTAD 2011, 27). Die beiden wichtigsten NROs auf nationaler Ebene sind das Russian Institute of Directors – RID (russ: *Российский Институт Директоров*) und die Independent Directors Association – IDA (russ: *Ассоциация независимых директоров*)[3]. Diese, nach eigenen Angaben, unabhängigen Bildungs- und Beratungsorganisation wurden auf Initiative von Managern der größten russischen Unternehmen ins Leben gerufen und setzen sich für internationale Managementstandards in Russland ein. An der Einführung eines ethischen Verhaltenskodex bei Gazprom im August 2012 war bspw. die IDA maßgeblich beteiligt (vgl. web[8]: Interfax 2012). Überdies bieten sie russischen Managern gemeinsam mit Ernst & Young CIS und der Higher School of Economics regelmäßig Weiterbildungen und Trainings zu Themen der verantwortungsvollen Unternehmensführung und -kontrolle an (vgl. Gillies et al 2004, 176). Damit sorgen sie in den beteiligten Organisationen für normativen Isomorphismus.

Im Jahr 2004 veröffentlichten das RID und die IDA zudem eine vom US-Handelsministerium finanzierte Anleitung zur Einführung wertefundierte Verhaltenskodi-

---

zum wertebasierten Management und zur Korruptionsbekämpfung in Russland. Verhaltenskodizes werden dabei auch als eine Option vorgestellt (vgl. web[6]: IBLF 2012).
[3] Mehr zur Rolle russischer NROs und Bildungseinrichtungen bei der Entwicklung von Unternehmensführungspraktiken in Russland findet sich bei Gillies et al 2004.

zes in russischen Unternehmen (vgl. web[9]: Ethics Guidelines 2004). Da dieses unverbindliche Dokument konkrete Antworten auf Unsicherheiten bezüglich der Praktik bietet, trägt es im Sinne des mimetischen Isomorphismus zur Vereinheitlichung der Verhaltenskodizes bei. Die Unterstützung des US-Handelsministeriums zeigt außerdem beispielhaft, dass staatliche Akteure aus dem Ursprungskontext der Verhaltenskodizes aktiv Einfluss auf deren Verbreitung in Russland nehmen.

Wie in diesem Kapitel gezeigt werden konnte, führen russische Unternehmen das Instrument vorwiegend ein, um externem Legitimationsdruck nachzugeben. Der nächste Abschnitt konzentriert sich nun besonders auf die kulturellen Faktoren, die den Transfer und die Gestaltung der Praktik in Russland beeinflussen können.

3. Kulturkontrastive Perspektive

Die Neoinstitutionalismus-Theorie nach DiMaggio & Powell (1983) erklärt die internationale Verbreitung des Konzepts Verhaltenskodex in Unternehmen aus einem Blickwinkel, der besonders die institutionellen Kräfte ins Zentrum rückt. Forscher, wie bspw. Kostova (1999) entwickeln darauf aufbauend detailierte institutionelle Modelle zur Beschreibung des grenzüberschreitenden Transfers organisationaler Praktiken und ihrer Erfolgsfaktoren. Kultur bzw. kulturell-kognitive Einflüsse bilden dabei neben regulativen und normativen Faktoren, gemäß dem Drei-Säulenmodell von Scott (2001, 52f), lediglich *einen* Grundpfeiler von Institutionen.

Für die kulturkontrastive Perspektive soll dagegen ein weiter Kulturbegriff benutzt werden, welcher Normen, Regelungen und selbst Institutionen als Kulturprodukte versteht. Eine brauchbare Definition bieten dazu Kroeber & Kluckhohn (1952, 181) an:

"Culture consists of patterns, explicit and implicit, of and for behavior acquired and transmitted by symbols, constituting the distinctive achievements of human groups, including their embodiments in artifacts; the essential core of culture consists of traditional [...] ideas and especially their attached values; culture systems may, on the one hand, be considered as products of action, on the other as conditioning elements of further action."

Um diesen Kulturbegriff zu operationalisieren wird das Kulturmodell von Edgar Schein (2004) herangezogen. Mit dessen Hilfe werden Verhaltenskodizes als kulturelle Artefakte definiert. Folglich stellt der Transfer der Praktik *Verhaltenskodex* von den USA nach Russland einen Kulturtransfer dar. Bei der Untersuchung des Transfers liegt das Hauptinteresse nicht auf dem Übertragungsprozess, sondern auf dem Ergebnis der Übertragung. Zentral ist dabei die Frage, inwieweit eine lokale Anpassung nötig wird. Schließlich werden auf interpretativem Weg die mit dem Artefakt verknüpften kulturellen Grundannahmen der USA und Russlands zusammengetragen und gegenübergestellt.

3.1 Verhaltenskodizes als kulturelle Artefakte

Edgar Schein (2004, 25) geht in seinem Modell davon aus, dass Kultur sich in drei Ebenen manifestiert, welche sich im Grad ihrer Sichtbarkeit unterscheiden. Die unterste Ebene bildet die Essenz einer Kultur und besteht aus unbewussten und nicht-verhandelbaren Grundannahmen. Sie werden von den Mitgliedern einer Kultur geteilt, steuern deren Verhalten und beeinflussen ihr Realitätsempfinden (vgl. Schein 2004, 31). Auf die kulturellen Grundannahmen bauen spezifische Werte, Nomen und Verhaltensregeln auf. Die Werte und Normen manifestieren sich schließlich in offenen und greifbaren Artefakten, zu denen z.B. Sprache, Verhalten, Architektur, Kleidungsvorschriften, Technologien, Festlichkeiten oder Werte-Chartas gezählt werden können (vgl. Schein 2004, 25f). Kultur umfasst in diesem Sinne sowohl regulative, normative und kognitive Elemente einer Gesellschaft.

Die drei Kulturebenen in Scheins Modell stehen miteinander in Interaktion. Grundsätzlich können sich explizite Werte und Normen über eine geraume Zeit hinweg in implizite Grundannahmen verwandeln. Dies geschieht, indem sie sich bei der Lösung von Problemen wiederholt als erfolgreich erweisen und darauf hin von der gesamten Gruppe geteilt und verinnerlicht werden.

Im Gegensatz zu Technologien oder Gesetzen, lassen sich die Vorzüge von ethischen Werten oder religiösen Überzeugungen von Mitgliedern einer Kultur schwer direkt beobachten oder testen. Aus ihnen entstehen daher nur kulturelle Grundannahmen, wenn es innerhalb der Gesellschaft zu einer sozialen Validierung, d.h. zu sozialem Anpassungsdruck, kommt (vgl. Schein 2004, 29f). Hat sich in einer Kultur ein stabiles System aus Grundannahmen gebildet, reagiert es in der Regel defensiv auf Wandlungsimpulse.

Die *Unternehmenspraktik* wertefundierter Verhaltenskodex und besonders die damit verbundenen *Dokumente* sind in der Lesart von Scheins (2004) Kulturmodells kulturelle Artefakte, denn sie bilden das spezifische Werteverständnis einer Kultur oder Subkultur auf einer sichtbaren Ebene ab. Alle relevanten Prozesse, die mit der Einführung und dem Betrieb von Verhaltenskodizes zu tun haben, finden mehr oder weniger bewusst und beobachtbar statt. Mitarbeiter wissen in der Regel von ihrer Existenz und selbst Außenstehende sind in der Lage, sich Zugang zu den Kodizes zu verschaffen. Die Tatsache, dass Artefakte leicht zu beobachten sind, bedeutet allerdings nicht, dass sie dadurch ohne

Weiteres die ihnen zugrunde liegenden kulturellen Werte und Annahmen preisgeben. Gerade Verhaltenskodizes beschreiben nicht nur den *Ist-Zustand* einer Kultur, sondern bringen auch in der Kultur angestrebte Ideale zum Ausdruck. Bei einer Analyse müssen daher an erster Stelle die kulturellen Grundannahmen entschlüsselt werden, um dann die darüber liegenden Ebenen der Kultur, d.h. Werte und Artefakte, verstehen und einschätzen zu können (vgl. Schein 2004, 36).

3.2 Verhaltenskodizes in russischen Unternehmen als Resultat von Kulturtransfer

Laut Lüsebrink (2008, 128) betrifft Kulturtransfer „die Übertragung von Ideen, kulturellen Artefakten, Praktiken und Institutionen aus einem spezifischen System gesellschaftlicher Handlungs-, Verhaltens- und Deutungsmuster in ein anderes". Diesen Transfer kennzeichnen zeitliche und räumliche Asymmetrien. Das kulturelle Artefakt, das in einem Kulturraum entstand, wird oft verzögert in andere Kulturräume transferiert (vgl. Lüsebrink 2008, 131). Auch die Praktik Verhaltenskodex, die bereits Ende der 80er Jahre in amerikanischen Unternehmen aufkam, findet sich erst seit der Jahrtausendwende zunehmend in russischen Firmen. Zudem lassen sich räumlich-geografische Gefälle bei der Verbreitung des Instruments innerhalb Russlands feststellen. So finden wertefundierte Verhaltenskodizes vor allem in großen Firmen mit Hauptsitz in russischen Metropolen wie Moskau Anwendung.

Bei der Untersuchung des Kulturtransfers unterscheidet Lüsebrink (2008, 132) Selektions-, Vermittlungs- und Rezeptionsprozesse: Die *Selektion* umfasst die Auswahl einer Praktik in der Ausgangskultur nach technischen, praktischen oder ideologischen Gesichtspunkten[4]. Als Transferobjekt kommt nur ein Artefakt in Frage, da es sichtbar und greifbar ist. Die ihm zugrunde liegenden Werte und Grundannahmen können dagegen infolge ihres besonderen Charakters nicht unmittelbar transferiert werden[5].

Die *Vermittlung* widmet sich der Rolle, die personelle, institutionelle und mediale Vermittlungsinstanzen bei der Übertragung des kulturellen Artefakts spielen[6]. Der Transfer von Verhaltenskodizes nach Russland wird von amerikanischen Akteuren unterstützt und von weiteren staatlichen und nichtstaatlichen Akteuren gebrochen. Letztendlich müssen aber

---

[4] Dieser Prozess wurde im vorangegangenen Kapitel bereits aus institutioneller Sicht anhand isomorpher Kräfte erklärt.
[5] Ein Transfer von Werten und Grundannahmen ist in begrenztem Umfang durch den Transfer von Mitarbeitern als Träger der Werte und Grundannahmen der Ausgangskultur möglich.
[6] Auch Czarniawska & Jorges (1996, 23) machen deutlich, dass Ideen und Artefakte sich nicht von selbst verbreiten, sondern dazu Personen benötigen. Ihr im *Skandinavischen Institutionalismus* beheimatetes Translationsmodell geht davon aus, dass die Personen diese Ideen und Artefakte in Raum und Zeit verbreiten und sie dabei verändern, variieren und anpassen.

Entscheidungsträger in den russischen Unternehmen die Einführung der Praktik und damit auch den Transferprozess veranlasst oder zumindest geduldet haben.

Der für diese Arbeit wichtigste Prozess ist die *Rezeption* auf gesellschaftlicher bzw. organisationaler Ebene, denn sie betrachtet die Integration der transferierten Praktik in der Zielkultur. Diese kann nach dem Grad der lokalen Anpassung an das Zielland unterschieden werden. Es kommt entweder zu einer vollständigen, originalgetreuen Übertragung des Artefakts, zu einer Nachahmung, bei der die kulturelle Prägung der Praktik durch die Ausgangskultur noch deutlich erkennbar bleibt, oder zu einer kulturellen Adaptation, bei der die Praktik den Wertvorstellungen der Zielkultur angepasst wird (vgl. Lüsebrink 2008, 134). In der Forschung ist umstritten, inwieweit es anzustreben bzw. möglich ist, Verhaltenskodizes lokal anzupassen. Es lassen sich in der Debatte zwei Lager identifizieren: die Vertreter der Culture Bound-Hypothese stehen denen der Culture Free-Hypothese gegenüber[7]. Beide Positionen werden im Folgenden kurz vorgestellt.

3.3 Universelle Kodizes oder kulturelle Anpassung?

Smeltzer & Jennings (1998) sowie Asgary & Mitschow (2002) befürworten universelle kulturübergreifende Verhaltenskodizes. Ihrer Ansicht nach sollen damit allgemeinverbindliche menschliche Werte und ethisches Verhalten etabliert werden. Die Autoren heben unter anderem die ökonomischen Vorteile von kulturübergreifenden Ethik-Standards hervor und wehren sich gleichzeitig gegen den Vorwurf des Kulturimperialismus. Kultur darf laut Smeltzer & Jennings (1998, 62) für Unternehmen keine Rechtfertigung sein, um wirtschaftsethische Mindeststandards zu unterlaufen. Ihrer Argumentation folgend, birgt eine starke lokale Anpassung der Kodizes die Gefahr, dass das Instrument seinen Charakter und die damit verbundenen wichtigen (Legitimations-)Funktionen verliert. Wie universelle Kodizes erstellt und international durchgesetzt werden sollen, können die Vertreter dieser Position allerdings nicht zufriedenstellend beantworten. Sie vertreten vielmehr eine idealistische Position.

Obwohl sie die vollständige Übertragung des Artefakts Verhaltenskodex prinzipiell für möglich halten, gehen die Anhänger der Culture Bound-Hypothese davon aus, dass deren tiefgehende und effektive Implementierung über kulturelle und institutionelle Grenzen hinweg nur selten sichergestellt werden kann. Dies untermauern mehrere Fallstudien, die die Einführung von Verhaltenskodizes in internationalen Mutter-Tochterbeziehungen

---

[7] Aus Sicht des Institutionalismus wird eine ähnliche Debatte um Konvergenz und Divergenz von Organisationsstrukturen geführt (z.B. Peters 2004, 46f).

untersuchen: So betrachtet Blazejewski (2006) den Transfer von Verhaltenskodizes durch deutsche multinationale Unternehmen nach Japan und zeigt besonders das Konfliktpotenzial zwischen globaler Standardisierung und lokaler Anpassung auf. Barmeyer & Davoine (2011) konzentrieren sich auf die Rezeption von US-amerikanischen Codes of Conduct durch die Mitarbeiter deutscher und französischer Tochterunternehmen. Ihre Arbeit legt ebenfalls schwerwiegende Akzeptanzprobleme der Praktik offen und gibt im Anschluss Empfehlungen für einen erfolgreichen Transfer. Die kulturübergreifende Implementierung der Verhaltenskodizes steht in der Studie von Helin & Sandström (2008) im Mittelpunkt. Anhand eines schwedischen Tochterunternehmens zeigen sie, wie der Widerstand gegen den Code of Business Conduct der amerikanischen Konzernzentrale dazu beiträgt, die nationale Identität der schwedischen Mitarbeiter zu verstärken.

Die Beobachtungen belegen, dass der Zwang, fremdkulturelle Verhaltenskodizes ohne lokale Anpassung zu übernehmen, die Gefahr von Dysfunktionalität, Missverständnissen und Widerstand auf der Mikroebene birgt. Ungeachtet wirtschaftsethischer Überlegungen ist die lokale Anpassung der wertefundierten Managementpraktik aufgrund ihrer Kulturgebundenheit vielmehr eine Notwendigkeit. Denn die dem transferierten Artefakt zugrundeliegenden kulturellen Annahmen decken sich in vielen Fällen nicht mit den Grundannahmen in der Zielkultur. Dagegen führen Letztere dazu, dass sich Verhaltenskodizes von Region zu Region in Inhalt und Form unterscheiden (z.B. Weaver 2001, Langlois/Schlegelmilch 1990, Singh et al 2005). Wie die meisten Culture Bound-Studien, möchte sich auch diese Arbeit nicht an der normativ aufgeladenen Debatte über weltweit verbindliche wirtschaftsethische Grundsätze beteiligen[8]. Es geht hier vielmehr um die pragmatische Betrachtung des Transfers einer kulturellen Praktik.

3.4 Rekontextualisierung

Brannen (2004) und Brannen et al (1999) geben eine hilfreiche Erklärung für den Bedarf der lokalen Anpassung international transferierter Praktiken. Sie berufen sich hierbei auf das semiotische Modell von Ferdinand de Saussure. Dieses erklärt die Beziehung zwischen dem Zeichen und seiner Bedeutung, die dieses innerhalb eines sozialen Kontexts generiert. Laut Saussure setzen sich Zeichen aus den Komponenten *Signifikant* und *Signifikat* zusammen. Der Signifikant ist dabei die äußerliche Zeichenform – der Begriff, während

---

[8] Kaptein & Wempe (2002, 39ff) nehmen die Diskussion über Universalismus und Kulturrelativismus in der Wirtschaftsethik auf. Als mögliche Lösung stellen sie die Integrative Social Contract Theory vor, in der von einem kulturabhängigen mikrosozialen und einem universellen makrosozialen normativen Vertrag ausgegangen wird.

das Signifikat den Zeicheninhalt – die Bedeutung umfasst. Beide Aspekte sind eng miteinander verbunden (vgl. Brannen 2004, 601f).

Die Übertragung von Zeichen erfolgt anhand von Sprache. Praktiken, Konzepte und Ideen, die durch Zeichen verschlüsselt sind, ergeben dabei nur innerhalb ihres spezifischen Kontextes einen Sinn (vgl. Barmeyer 2012, 106). Dadurch stellt sich ihr originalgetreuer Transfer als schwierig dar und kann nur dann glücken, wenn der Zielkontext den Ausgangskontext des Zeichens kopiert oder simuliert. Brannen (2004, 603) findet in diesem Zusammenhang problematisch, dass "sensemaking occurs in context, and when context is not shared, meanings often shift in transfer". Der historische, politische und kulturellgesellschaftliche Kontext sorgt dafür, dass übertragene Zeichen in ihrer neuen Umgebung eine andere Bedeutung erfahren. Brannen (2004, 604) nennt dieses Phänomen *Rekontextualisierung*. Erst durch einen dialogischen Anpassungs- und Veränderungsprozess entfalten transferierte Praktiken im neuen Kontext ihre Wirkung (vgl. Barmeyer 2012, 109f).

Im vorliegenden Fall wird das Konzept Verhaltenskodex als eine Ansammlung von Begriffen bzw. Signifikanten von einem in den nächsten Kontext übertragen. Die den Begriffen zugrunde liegende Bedeutungen, die Signifikate, erschließen sich dem Empfänger erst in einen Prozess der Sinnzuordnung, also der Einordnung in den eigenen kulturellen Kontext. Diese Sinnzuordnung erfolgt nicht nur bei der Implementierung der Unternehmenspraktik, sondern auch während ihrer Übertragung. Denn die Empfänger schreiben der Praktik aufgrund ihres Vorwissens Bedeutungen zu, die jedoch nicht der Bedeutung des Ausgangskontexts entsprechen müssen (vgl. Brannen 2004, 605). Im Zuge des Transfers von Verhaltenskodizes können Signifikante bzw. explizite Bestandteile des Konzepts, die im neuen Kontext keinen Sinn ergeben, dementsprechend verändert oder sogar weggelassen werden. Der Charakter der transferierten Praktik ändert sich damit auch.

Entscheidend für den Grad der Rekontextualisierung ist laut Brannen et al (1999, 134ff) die technische und soziale Systemgebundenheit (*system embeddedness*) des Transfergegentands, sowie die Art des Wissens (*knowledge embeddedness*), die diesem zugrunde liegt. Eine neue Produktionsmaschine ist bspw. oft autonom vom Ursprungskontext einsetzbar und das Wissen, das zu ihrer Bedienung benötigt wird, ist explizit in Gebrauchsanleitungen vorhanden. Eine Rekontextualisierung findet daher kaum statt. Der wertefundierte Verhaltenskodex ist dagegen eine Praktik, die zum einen sehr stark mit ihrem sozialen Ursprungskontext verknüpft ist und zum anderen, trotz der expliziten Regeln, ein hohes Maß impliziten Wissens bedarf, um wirksam zu werden. Unter solchen Voraussetzungen muss die Praktik stärker an den lokalen Kontext angepasst werden (vgl.

Brannen et al 1999, 136). Ob sich dies beim Transfer von Verhaltenskodizes von den USA nach Russland tatsächlich nachweisen lässt, wird später im Methodenteil geklärt.

3.5 Kulturelle Grundannahmen zu wertefundierten Managementpraktiken in den USA und Russland

Wie bereits gezeigt wurde, sind es die kulturellen Grundannahmen, die den Transfer von Artefakten beeinflussen. Um die Grundannahmen zu differenzieren, haben Forscher wie Schein (2004) oder Trompenaars & Hampden-Turner (2012) sie in mehrere Dimensionen unterteilt, welche sich je nach Modell überschneiden. Laut Palazzo (2002, 198f) eignen sich die Dimensionen von Edgar Schein besonders gut, um die Entstehung wertefundierter Verhaltenskodizes nachzuvollziehen und die Anschlussfähigkeit der Artefakte in anderen kulturellen Kontexten zu überprüfen. Sie gehen auf den Soziologen Talcott Parsons (1952, 180ff) und die Anthropologen Kluckhohn & Strodtbeck (1973, 11ff) zurück und ermöglichen differenzierte Aussagen zu Bereichen, die sich explizit und implizit in den Verhaltenskodizes wiederfinden. Die einzelnen Dimensionen geben kulturspezifische Antworten auf universelle Probleme des menschlichen Daseins. Sie umfassen (1) die *Beziehung des Menschen zu anderen Menschen*, (2) die *Beziehung zwischen Mensch und Umwelt*, (3) die *Aktivitätsorientierung*, (4) das *Wesen der menschlichen Natur* und (5) die *Definition von Realität und Wahrheit* (Schein 2004, 138). In Anlehnung an Palazzo (2002, 199) wird diesen Grundannahmen die konstruierte Dimension (6) *Verhältnis von Religion, Staat und Wirtschaft* vorangestellt, da sie gängige Interpretationsmuster für ethisch-moralische Problemstellungen bereithält.

Natürlich birgt die pauschale Charakterisierung von Kulturen immer die Gefahr der Stereotypisierung. Trompenaars & Hampden-Turner (2012, 33f) weisen darauf hin, dass der Vergleich von Kulturen zum einen nur in Relation möglich ist und zum anderen lediglich Tendenzen abbildet, bei denen es auf individueller Ebene viele Ausnahmen gibt. Aussagen zu kulturellen Grundannahmen in Russland und den USA sind schwierig zu treffen, da beide Länder durch ihre Größe und Bevölkerungsstruktur eine enorme kulturelle Vielfalt besitzen[9]. Ungeachtet dieser Unterschiede konnten vorangegangene Arbeiten dennoch stabile wiederkehrende Muster in Verhalten und Weltanschauung von Russen und US-Amerikanern offenlegen. Sie sollen nun überblicksartig aufgeführt werden.

---

[9] Russland ist ein Vielvölkerstaat, zu dem neben den christlich-orthodoxen Russen viele, z.T. autonome Sprach-, Kultur- und Religionsgemeinschaften gehören (vgl. Kets de Vries et al 2004, 13). Auch die andauernde Transformation mit ihren sozioökonomischen und kulturellen Folgen erschwert Aussagen zur „russischen Kultur".

3.5.1 Verhältnis von Religion, Staat und Wirtschaft

Inwieweit ethisches Handeln und wirtschaftliche Aktivitäten miteinander vereinbar sind, spielt eine wichtige Rolle für das Verständnis von wertefundierten Verhaltenskodizes. Laut Palazzo (2002, 200) herrscht in der US-amerikanischen Gesellschaft eine ausgesprochen positive Beziehung zwischen Ethik und geschäftlichen Erfolg, die u.a. auf den Einfluss der religiösen Reformbewegung der *Puritaner* zurückgeht. Das puritanische Arbeitsethos besagt, dass sich die Gnade Gottes im weltlichen Erfolg widerspiegelt. Da laut calvinistischer Lehre wohlhabende Menschen ihren Reichtum erhalten haben, um Gottes Werk auf Erden zu vollenden, werden an ihr Verhalten hohe ethische Maßstäbe angelegt (vgl. Palazzo 2002, 200). Gleiches gilt für US-amerikanische Unternehmen, die trotz wiederkehrender Wirtschaftsskandale zu ethischen Akteuren gemacht werden. Unterstrichen wird diese Einstellung durch den *Utilitarismus*, der im amerikanischen Verständnis davon ausgeht, dass die gesamte Gesellschaft davon profitiert, wenn jeder seine individuellen Interessen verfolgt und seinen persönlichen Wohlstand vermehrt (vgl. Palazzo 2002, 201; Barmeyer/Davoine 2011, 10; Beekun 2003, 1337). Der Staat hält sich mit direkten Eingriffen zurück, aber ermutigt wirtschaftliche Akteure durch Anreize, ihrer ethischen Verantwortung gerecht zu werden und Eigeninitiative zu ergreifen. Dass sie ihren Mitarbeitern Verhaltenskodizes auferlegen, deckt sich mit diesen amerikanischen Grundannahmen.

Laut Palazzo (2002, 201) ist auch die Trennung zwischen Privatsphäre und Öffentlichkeit in den USA nicht so ausgeprägt wie in anderen Weltregionen. Da sie Ethik nicht als ihre Privatangelegenheit ansehen, fällt es Amerikanischen Mitarbeitern leicht Vorgaben zu ethischem Verhalten am Arbeitsplatz und während der Arbeitszeit zu akzeptieren (vgl. Palazzo 2002, 201). Auch diese amerikanische Einstellung hat ihre Wurzeln vor allem im protestantisch geprägten Gesellschaftsverständnis, bei dem das ethisch-moralische Verhalten des Anführers von seinen Anhängern öffentlich zur Diskussion gestellt wurde. Weiterhin hat sich die Zivilgesellschaft als Forum etabliert, auf dem Amerikaner ethische Probleme öffentlich ansprechen können (vgl. Palazzo 2002, 202). Eine Grundfeste amerikanischer Unternehmensethik fußt also auf der öffentlichen und demokratischen Debatte vieler gleichgestellter gesellschaftlicher Akteure.

In Russland prägten zentrale hierarchische Institutionen, wie Zar, Kommunistische Partei und Staat die Normen und Wertvorstellungen der Gesellschaft und deren Sichtweise auf die Wirtschaft (vgl. Puffer/McCarthy 1995, 32). Die russisch-orthodoxe Kirche ordnet sich dabei traditionell der staatlichen Hoheit unter. Man findet im orthodoxen Glauben keine Erlösung durch das rationale Streben nach individuellen Profiten, sondern durch den mystischen Gemeinschaftsgedanken *Sobornost* (russ: *Соборность*), verbunden mit Menschenliebe und Gehorsam (vgl. Buss 1989, 42). Damit einher geht eine andere ethische Wertvorstellung: "[…] the Russian Church did not value work as a religious virtue. People who engaged in business were thus often suspected of having selfish and, implicitly, unethical motives." (Puffer/McCarthy 1995, 32).

Im Gegensatz zur USA mischt sich der russische Staat bis heute traditionell stark in das Wirtschaftsleben ein. Im Moralverständnis der Russen dienen Unternehmen dem Wohl der Gesamtgesellschaft. Sie sind dazu verpflichtet, die geschaffenen Werte solidarisch mit der Allgemeinheit zu teilen (vgl. Frank 2012, 60f). Firmen stellen in diesem Sinne öffentliche Institutionen dar, die nicht von demokratischen Kräften, sondern von staatlicher Autorität kontrolliert werden (vgl. Frank 2012, 27). Selbstständige privatwirtschaftliche Akteure spielten in der russischen Wirtschaftsgeschichte bis zur Transformation dagegen kaum eine Rolle. Puffer & McCathy (2008, 23) erklären mit diesem Umstand den mangelnden Respekt vor privaten Firmeneigentum, den sie einigen russischen Mitarbeitern attestieren.

Für Vorbehalte gegenüber dem ethischen Engagement privatwirtschaftlicher Akteure sorgen auch das Erbe es Feudalismus, der in Russland erst im Jahr 1861 abgeschafft wurde, und die kapitalismusfeindliche leninistisch-marxistische Ideologie, die über 70 Jahre lang zur Staatsraison der Sowjetunion gehörte[10]. Während der Privatisierung der russischen Wirtschaft in den 1990er Jahren herrschte, aufgrund fehlender privatwirtschaftlicher Tradition, ein Vakuum moralischer Autorität (vgl. Kets de Vries et al 2004, 16). Unternehmer und Geschäftsleute konnten dieses Vakuum nicht füllen und schafften es nicht, sich als legitime wirtschaftsethische Akteure zu etablieren.

Der stärkere Einfluss des Staates auf die Wirtschaft und damit verbundene zentrale gesetzliche Regelungen im Arbeitsgesetzbuch erlauben den Schluss, dass russische Firmen bei der Unternehmensführung nur über kleine individuelle Gestaltungsspielräume verfügen. Anstatt eigene Regeln aufzustellen, brauchen und können sie sich in ihren Kodizes lediglich auf bestehende zentrale Gesetze beziehen. Weiterhin besitzen große russische Unternehmen im Vergleich zu amerikanischen Firmen eine andere gesellschaftliche Rolle. Sofern ihre Kodizes rekontextualisiert worden sind, muss die gesellschaftliche Verantwor-

---

[10] Ein Kernpunkt von Marx' Kapitalismuskritik bildet die moralische Verurteilung des kapitalistischen Wirtschaftssystems als inhuman. Die kapitalistischen Zwänge würden demzufolge zur materiellen und moralischen Verelendung des Menschen führen, da diese ihm seiner Freiheit berauben und seinem Wesen entfremden. Zur Ethik bei Marx siehe Engel (2005).

tung darin anders thematisiert werden, als in den amerikanischen Vorlagen. Sie stehen eventuell stärker im Dienst des Gemeinwohls.

3.5.2 Menschliche Beziehungen

Die kulturellen Grundannahmen zu menschlichen Beziehungen lassen sich mit Talcott Parsons (1952) Handlungsalternativen betrachten. Diese beschreiben sowohl das Rollenhandeln von Individuen, wie auch die soziale Struktur ganzer Gesellschaften. Laut Parsons bezeichnet Universalismus ein Verhalten nach allgemeingültigen Regeln und Normen ohne Rücksicht auf Kontext- und Beziehungsaspekte (vgl. Parsons 1952, 183), während partikularistisches Verhalten je nach Situation und Intensität der Beziehung variieren kann.

Amerikaner zeigen die Tendenz, menschliche Beziehungen rechtlich zu kodifizieren. Diese Verrechtlichung durchzieht die Sprache und das Denken jedes Einzelnen (vgl. Weaver 2001, 4f). Da es in der heterogenen Einwanderer-Gesellschaft keine gemeinsame implizite Wertebasis gab, musste diese erst explizit geschaffen und durchgesetzt werden (vgl. Palazzo 2002, 210; Barmeyer/Davoine 2011, 10). Es herrscht daher in den USA ein stark ausgeprägtes universalistisches Verständnis von Regeln vor. Durch deren strikte Befolgung wird der Gruppenzusammenhalt sichergestellt. Ausnahmen werden, unabhängig von den Absichten und Zielen des Handelnden, grundsätzlich nicht geduldet. Damit handelt es sich tendenziell um ein *deontologisches* Ethikverständnis. Weiterhin setzen sich Amerikaner aktiv für die Verbreitung ihrer vermeintlich universellen Normen und Werte ein (vgl. Barmeyer/Davoine 2011, 12). Wertefundierte Verhaltenskodizes in Unternehmen sind ein Resultat dieser Geisteshaltung.

Hinsichtlich der Verhaltenskontrolle impliziert das individualistische Menschenbild der Amerikaner, dass Mitarbeiter ohne Auswirkung auf den Gruppenzusammenhalt ersetzbar und austauschbar sind. Bei Verhaltenskodizes kommt dies in der Annahme zutage, dass Angestellte ihre Kollegen bei Verstößen gegen die Regeln anzeigen (vgl. Weaver 2001, 5).

In Russland galt dagegen besonders in der Vergangenheit eher ein *konsequentionalistisches* Ethikverständnis, bei dem das Verhalten aufgrund seiner Wirkung auf das Kollektiv beurteilt wird (vgl. Beekun et al 2003, 1336). Im Vergleich zu ihren amerikanischen Kollegen, neigen russische Manager in ethischen Entscheidungssituationen öfter zu Partikularismus. Sie treffen ethische Entscheidungen öfter situativ und in Abhängigkeit ihrer Beziehung zu den davon betroffenen Personen. Die vergleichenden empirischen Studien von Beekun et al (2003), Bailey & Spicer (2007) sowie Robertson et al (2003) untermauern diese Einschätzung.

In slawischen Kulturen haben sich laut Beekun (2003, 1346) ethische Doppelstandards etabliert. Wobei ein Beurteilungsschema auf offizielle bzw. unpersönliche Beziehungen angewendet wird, während für persönliche Beziehungen andere z.T. entgegengesetzte ethische Regeln gelten. Universalisten schätzen dieses personen- und gruppenbezogene Verhältnis zu Regeln oft als korrupt ein (vgl. Trompenaars/Hampden-Turner 2012, 44ff). Partikularisten betonen dagegen, dass der Relativismus nicht das Gesetz, sondern den Menschen in den Mittelpunkt rückt, um die gegebenenfalls mangelnde Legitimität der Herrschaft wettzumachen (vgl. Lyskow-Strewe/Schroll-Machl 2007, 105).

Horizontal verordnete gesellschaftliche Werte und Verhaltensregeln werden auf der Mikroebene nur solange akzeptiert, wie sie von einer hierarchischen Instanz kontrolliert werden. Fällt diese Kontrolle weg, werden diese Regeln mangels nötiger Internalisierung von den Russen oft missachtet. Als Konsequenz ist in Russland ein höherer Kontrollaufwand nötig (vgl. Kets de Vries et al 2004, 20). Besonders dann, wenn staatliche Gesetze dem Moralempfinden der jeweiligen Gruppe widersprechen oder sogar die Gruppenexistenz bedrohen, werden Wege gesucht, die Regeln zu umgehen.

Mit dem schwindenden Vertrauen in die allgemeine Rechtssicherheit und die Effizienz formeller Strukturen erhöht sich in einem Rückkopplungsprozess die Bedeutung persönlicher Vertrauensbeziehungen und informeller Netzwerke. Eine russische Besonderheit stellt in diesem Zusammenhang die gesellschaftliche Akzeptanz von *Blat* (russ.: блат) dar. Dieses Phänomen wird von Puffer & McCarthy (1995, 37) als "reliance for favors upon personal contacts with people in influential positions" definiert. Dabei tauschen Russen systematisch kleine Geschenke und Gefälligkeiten aus, um das persönliche Netzwerk zu pflegen und bewusst wechselseitige Abhängigkeitsverhältnisse aufzubauen (vgl. Lyskow-Strewe/Schroll-Machl 2007, 105). Da die Grenzen zu Bestechung und Betrug nicht eindeutig auszumachen sind, ist Blat aus westlichen wirtschaftsethischen Gesichtspunkten sehr fragwürdig. Laut Ardichvili et al (2012, 418f) sehen viele Russen darin jedoch nichts ethisch Verwerfliches.

Die partikularistische Haltung stellt die Praktik *Verhaltenskodex* in Russland vor Herausforderungen, da diese eigentlich die ethischen Entscheidungen der Mitarbeiter von deren persönlichen Beziehungen loslösen soll. Um ein situatives Handeln zu erlauben, enthalten russische Kodizes eventuell Beschränkungen der Reichweite und des Geltungsbereichs, sowie allgemeinere Regeln, die verschiedene Auslegungen ermöglichen. Da Blat und Nepotismus eine wichtige Rolle im russischen Geschäftsleben spielen, müssten diese Konzepte in den Kodizes thematisiert und moralisch vertretbare Grenzen definiert werden.

Kontrollkonzepte wie Whistle Blowing können sich vor dem Hintergrund starker Gruppen-loyalität in Russland als nicht praktikabel oder sogar als unmoralisch (vgl. Puffer/McCarthy 1995, 35) erweisen. Werden die Kodizes rekontextualisiert, müssen andere Kontrollinstrumente eingeführt werden, um die Funktionalität der Praktik zu gewährleisten.

3.5.3 Verhältnis zur Umwelt

Gesellschaften bewegen sich in ihrer Grundeinstellung gegenüber der Umwelt zwischen zwei Extremen. Entweder sie sind davon überzeugt, selbst aktiv Kontrolle ausüben zu können, oder sie glauben, dass sie sich den Gesetzen ihrer Umwelt unterordnen müssen und externer Kontrolle unterstehen (vgl. Trompenaars/Hampden-Turner, 2012, 173f).

In der amerikanischen Kultur dominiert die Vorstellung von interner Kontrolle (vgl. Palazzo 2002, 205). Es liegt in der Verantwortung jedes Einzelnen, seine Umwelt zu gestalten und sein Schicksal in die Hand zu nehmen. Ethisches Verhalten erscheint in diesem Verständnis steuerbar und lässt sich durch Ethikprogramme und Verhaltenskodizes beeinflussen.

Die russische Vorstellung von Kontrolle sieht demgegenüber komplementär aus. Laut Lyskow-Strewe & Schroll-Machl (2007, 109) existiert in Russland ein auf religiösen Elementen gründender Fatalismus, der eine passive und schicksalsergebene Haltung widerspiegelt[11]. Der Einfluss, den der Einzelne auf seine Umwelt haben kann, wird in der kollektivistisch-orientierten russischen Kultur als gering eingeschätzt. „Denn Russen sind überzeugt, dass den menschlichen Kräften viele Grenzen gesetzt sind, die sie trotz ihres Bemühens nicht verschieben oder gar durchbrechen können" (Lyskow-Strewe/Schroll-Machl 2007, 110).

Wenn der Einzelne daran zweifelt, mit seinem Verhalten nachhaltigen Einfluss auf das Ganze zu haben, kann auch die Sinnhaftigkeit von wertefundierten Verhaltenskodizes in Frage gestellt werden. "In fatalistic cultures, ethics initiatives may prove culturally illegitimate insofar as those practices hold persons responsible - even punishable - for ethical "lapses" which, to a fatalist, are beyond control" (Weaver 2001, 8).

Ethisches Verhalten wäre demnach von einem Unternehmen kaum zu managen. Diesen Punkt müssen russische Kodizes entkräften, um verstanden und ernst genommen zu werden. Auf Unternehmensebene können diese Grundannahmen dazu führen, dass die

---

[11] Kets de Vries et al (2004) führen die fatalistische Haltung der Russen u.a. auf das extreme Klima zurück.

Gestaltung und die Überwachung ethischen Verhaltens externen Kräften, wie bspw. dem Staat oder NROs, überlassen wird.

3.5.4 Handlungsorientierung

Wird ein gesellschaftlicher Status zugewiesen oder muss man ihn sich verdienen? Mit der amerikanischen Vorstellung von interner Kontrolle korrelieren eine pragmatische Einstellung zur Realität und die Überzeugung, dass Menschen sich verbessern und perfektionieren können. Status wird in diesem Verständnis durch individuelle Leistung erreicht. Diese Leistungsorientierung ist vor allem in den USA vorherrschend (vgl. Kluckhohn/Stodtbeck 1961, 17) und unterstützt die Verankerung von Ethik-Programmen innerhalb der amerikanischen Unternehmen (vgl. Palazzo 2002, 206). Die Definition des Individuums über seine Leistung treibt jeden einzelnen Mitarbeiter dazu an, den moralischen Status seiner Organisation durch aktives und kontinuierliches Handeln verbessern zu wollen.

In kollektivistisch geprägten Kulturen wird Status einer Person eher aufgrund seiner stabilen Attribute, wie Alter, Geschlecht und soziale Beziehungen, zugeschrieben (vgl. Palazzo 2002, 206). Obwohl es ein Ziel der politischen Führung der UdSSR war, Klassen- und damit Statusunterschiede abzuschaffen, führte dies in Russland nicht zu einer stärkeren Leistungsorientierung. Es war vielmehr verpönt sich gegenüber der Gruppe hervorzutun, Eigeninitiative zu zeigen und andere zu überbieten (vgl. Beekun et al 2003, 1339; Kets de Vries et al 2004, 16f). Statusmerkmale wie Herkunft oder Abstammung wurden durch andere Statusmerkmale wie politische Loyalität und Parteizugehörigkeit abgelöst (vgl. Puffer/McCarthy 1995, 33). Im Vergleich zu den USA haben im heutigen Russland aktivitätsfremde Attribute immer noch erheblichen Einfluss auf den Status einer Person (vgl. Lyskow-Strewe/Schroll-Machl 2007, 106; Trompenaars/Hampden-Turner 2012, 128). Deutlich wird dies auch darin, dass sich leistungsbezogene Vergütungssysteme in Russland bislang kaum durchsetzen konnten (vgl. Beekun et al 2003, 1337f). Folglich fällt es russischen Wirtschaftsakteuren auch schwerer, Praktiken einzuführen, bei denen der ethisch-moralische Status durch individuelle Taten verbessert werden kann. Ihnen fehlt damit eine wichtige Motivation wertefundierte Verhaltenskodizes konsequent anzuwenden.

3.5.5 Verhältnis zur menschlichen Natur

Laut Kluckhohn & Stodtbeck (1961, 11) unterscheiden sich Gesellschaften darin, wie sie der menschlichen Natur gegenüberstehen. Abhängig von der Kultur sind Menschen von Natur aus entweder gut, böse, neutral oder gemischt. Besonders die Anreiz- und Kontrollsysteme der meisten Organisationen können auf Grundannahmen zur menschlichen Natur zurückgeführt werden. Dabei passen sich Mitarbeiter oft dem Stil an, mit dem sie konfrontiert werden. Das Menschenbild wird somit zu einer selbsterfüllenden Prophezeiung (vgl. Schein 2004, 173f).

Damit wertefundierte Verhaltenskodizes einen Sinn ergeben, muss die menschliche Natur im kulturellen Verständnis veränderbar sein, d.h. böse Menschen müssen gut werden können, gute Menschen böse usw. Amerikaner sehen die menschliche Natur als grundsätzlich böse, aber auch als zum Guten veränderbar an. „According to this view constant control and discipline of the self are required if any real goodness is to be achieved." (Kluckhohn/Stodtbeck 1961, 12). Palazzo (2002, 209) postuliert in diesem Zusammenhang, dass Amerikaner ihre Mitmenschen, in Hoffnung auf deren Besserung, eher optimistisch und aufgeschlossen wahrnehmen und dies wiederum die Einführung von Ethikkodizes begünstigt. Es herrscht ein Vertrauen in das menschliche Potential und darin, unter schlechtesten Bedingungen ein Ziel zu erreichen.

In Russland hängt die Einschätzung der menschlichen Natur stark mit der Gruppenorientierung zusammen. „[...] Russians tend to assume that people will exploit others of personal gain, and to view the social environment beyond their immediate circle of family members and close friends as dangerous." (Kets de Vries et al 2004, 29). Einen Grund für das tendenziell negative Menschenbild sehen Kets de Vries et al (2004) in der autoritären russischen Herrschaftstradition und dem historisch verbreiteten Denunziantentum. Gruppenmitgliedern wird dagegen Vertrauen geschenkt. Sie werden unabhängig von ihrem Verhalten als ausgesprochen positiv und gut eingeschätzt. Damit ist die Ausprägung der menschlichen Natur aus russischer Sicht nicht im selben Maße wandelbar, wie im amerikanischen Verständnis. Außerdem liegt bei den Russen ein Akzent auf dem Kollektiv, während Amerikaner eine individuelle Aufgabe darin sehen moralisch „gut zu werden".

3.5.6 Verhältnis zur Realität und Wahrheit

Die Grundannahmen, die in den USA und Russland zur Realität und Wahrheit vorherrschen, lassen Rückschlüsse auf den Stil wertefundierter Verhaltenskodizes in den beiden Ländern zu. Zur Unterscheidung dieser kognitiven Grundannahmen werden die intellektuellen Stile nach Galtung (1985) herangezogen[12]. Sie umschreiben zwar in erster Linie das akademische Realitäts- und Wahrheitsverständnis – wie Bolten et al (1996) anhand von

---

[12] Schein (2004, 145) differenziert das kulturelle Verhältnis zur Wahrheit anhand von Pragmatismus und Moralismus, wobei er die USA genauso wie Galtung (1985) als pragmatische Kultur einordnet.

Geschäftsberichten nachweisen können, finden sie sich aber auch in anderen Kommunikationsprodukten wieder.

Eine pragmatische Herangehensweise an komplexe Aufgaben, Offenheit sowie horizontale Subjektivität charakterisieren den, in den USA vorherrschenden, sachsonischen, intellektuellen Stil (vgl. Galtung 1985, 156f). Er sorgt dafür, dass diffuse Begriffe, wie ethisches Verhalten, für Unternehmen schrittweise operationalisiert werden können, ohne vorher ein schlüssiges Gesamtkonzept vorweisen zu müssen (vgl. Palazzo 2002, 207). Diese Versuchs- und Irrtum-Mentalität hat die Einführung von wertefundierten Verhaltenskodizes begünstigt. Zudem tragen die einzelnen Verhaltenskodizes auf Unternehmensebene dazu bei, dass die Praktik als solche nicht grundsätzlich infrage gestellt wird, wenn ein einzelnes Unternehmen gegen ethische Prinzipien verstößt.

Russland steht dagegen „im Bann des teutonischen intellektuellen Stils" (Galtung 1985, 153f), der dort durch allgemeine Einflüsse deutscher Wissenschaftskultur und u.a. das Denken von Karl Marx Fuß fassen konnte. Statt dem sachsonischen Pragmatismus dominiert im teutonischen Stil der Idealismus. Dieser kommt darin zum Ausdruck, dass man sich der Realität mit möglichst allumfassenden und geschlossenen Theorien nähert und erst danach eine praktische Umsetzung in Betracht zieht. Im genannten Stil herrscht zwischen Autor und Leser ein hierarchisches Meister-Schüler-Verhältnis, das auf Intersubjektivität abzielt (vgl. Galtung 1985, 169; Bolten et al 1996, 408). Auch Nichols et al (1988, 400) bestätigen, dass sich die Beziehung zwischen Leser, Autor, Text und Wissen in russischer und angelsächsischer Prosa deutlich unterscheidet. Russische (wissenschaftliche) Prosa hat den Anspruch, allgemeine Wahrheiten widerzugeben, welche vom Leser zu lernen sind. Im Gegensatz dazu tendieren Texte angelsächsischen Hintergrunds dazu einen kommunikativen Vertrag zwischen Autor und Leser zu formen und mit ihm auf Augenhöhe in Dialog zu treten (vgl. Nichols et al 1988, 405).

Da stilistische Vertextungselemente wie Schriftsatz, Umfang und Bildanteil, die Grundannahmen zur Realität und Wahrheit widerspiegeln, müssen sie sich in den amerikanischen und russischen Verhaltenskodizes unterscheiden, wenn diese an den neuen Kontext angepasst wurden.

Grund-annahmen	USA	Russland	Mögliche Konsequenz für Kodizes in Russland
1.Religion, Staat, Unterneh-men	- Erlösung durch harte Arbeit u. Streben nach persönlichen Profit - gesellschaftliche Wohlfahrt durch Verfolgung von Eigeninteressen - demokratische Partizipation u. Kontrolle - Staat gibt nur Anreize - Unternehmen = ethische Akteure	- Erlösung durch Menschenliebe u. Gehorsam - gesellschaftliche Wohlfahrt durch solidarisches Wirtschaften - Profitstreben ist unmoralisch - Kontrolle u. Dominanz durch staatliche Autorität - Kollektiv = ethischer Akteur	- weniger Gestaltungsspielraum u. ethische Legitimität von Unternehmen u.a. durch staatliche Dominanz - Akzent auf gesellschaftlicher Wohlfahrt - evtl. andere Thematisierung von Privateigentum
2.Menschliche Beziehungen	- Universalismus - Richtig u. falsch - Regelbefolgung zum Wohl der Gruppe - Individualismus	- Partikularismus - Doppelmoral, situative Ethik - Regelverstöße zum Wohl der Gruppe - Gruppenorientierung - Whistle Blowing ist unmoralisch innerhalb der Gruppe	- Ausnahmen u. Entscheidungsspielräume für Mitarbeitergruppen - Thematisierung von Blat u. Nepotismus - alternative Kontrollinstrumente
3.Umwelt	- Interne Kontrolle	- Externe Kontrolle - Fatalismus	- größere Bedeutung externer Akteure bei Kontrolle
4.Aktivität	- Starke Leistungsorientierung	- Eher Statusorientierung	- Allgemein Zweifel an Sinnhaftigkeit der Kodizes
5. Menschliche Natur	- böse, aber kann sich verbessern - optimistisches Zukunftsbild	- in Abhängig von Gruppenzugehörigkeit gut oder böse	
6.Realität und Wahrheit	- Sachsonischer Stil - Pragmatismus	- Teutonischer Stil	- stilistische Unterschiede

Tabelle 1: Kulturelle Grundannahmen in den USA und Russland

III. Methodenteil

1. Erweiterte Fragestellung

Die deutlichen Unterschiede der kulturellen Grundannahmen lassen darauf schließen, dass sich das Artefakt Verhaltenskodex in Russland in Inhalt und Stil von den amerikanischen Exemplaren unterscheiden muss, sofern es dort die gewünschte Wirkung entfalten soll. Es ist aufgrund des hohen Abstraktionsgrades der Grundannahmen jedoch fast ausgeschlossen, konkrete nachprüfbare Merkmalsausprägungen der Artefakte abzuleiten. Die Fragestellung für die folgende Analyse benötigt daher einen explorativen Charakter. Im ersten Schritt sollen die allgemeinen inhaltlichen Unterschiede und Gemeinsamkeiten in den Dokumenten offenbart werden. Es handelt sich um die Frage:

A 1.   Welche Inhalte finden sich tendenziell in amerikanischen, aber nicht in russischen Kodizes und umgekehrt?

Anhand der kulturellen Grundannahmen wurden zudem mögliche Konfliktpunkte des transferierten Artefakts in dessen neuen kulturellen Kontext identifiziert (siehe Tabelle 1). Gerade bei diesen Themen besteht die Möglichkeit, dass russische Unternehmen inhaltliche Änderungen vornehmen. Die Inhaltsanalyse amerikanischer und russischer Verhaltenskodizes soll daher auf diese ausgewählten *Einschätzungsdimensionen*, welche „verschiedene skalierbare Ausprägungen annehmen können" (Mayring 2010, 104), ein besonderes Augenmerk legen:

A2.   Detailliertheit der Regelungen bzw. Spielräume für situative Entscheidungen

A3.   Geltungsbereich bzw. Reichweite des Kodex

A 4.   Art der Kontrollmechanismen

A 5.   Gesellschaftliche Verpflichtung des Kodex

Neben diesen inhaltlichen Aspekten werden hinsichtlich der kognitiven Grundannahmen zu Realität und Wahrheit mögliche Unterschiede im kulturellen Stil betrachtet:

B 1.   Stil des Kodex

Nun sollen die Dokumente im Sinne der Fragestellung interpretiert und schließlich verglichen werden. Für die inhaltsorientierten Punkte A 1. bis A 5. wird eine qualitative *Inhaltsanalyse* nach Mayring (2010) durchgeführt. Punkt B 1. zu stilistischen Unterschieden soll dagegen mit einer *Analyse kulturspezifischer Textsortenmerkmale* nach Bolten et al (1996) untersucht werden.

2. Fallauswahl

Mayring (2002) sieht den Vorteil in der Dokumentenanalyse darin, dass das Untersuchungsmaterial schon da ist und nicht erst mit Interviews o.ä. erhoben werden muss. Damit fällt eine Hauptfehlerquelle der Datengewinnung weg (vgl. Mayring 2002, 47). Obwohl der Forscher so auf die Inhalte der Untersuchungsobjekte keinen direkten Einfluss hat, kann er das Ergebnis durch deren Auswahl subjektiv verfälschen (vgl. Mayring 2002, 47). Daher gebührt der Frage der Fallauswahl besonderer Beachtung. Die hier zu analysierenden Verhaltenskodizes stammen zum einen von russischen Unternehmen des Russian Trading System-Index (RTS) und zum anderen von amerikanischen Unternehmen der Fortune 500-Liste. Beide Listen beinhalten die jeweils größten börsennotierten nationalen Firmen. Da russische Verhaltenskodizes seltener vorkommen und stärker im Fokus dieser Arbeit stehen, wurden zuerst russische Firmen ausgewählt und anschließend eine amerikanische Vergleichsgruppe gebildet.

Bei der Auswahl der russischen Unternehmen wurden die Websites aller RTS-gelisteten Firmen systematisch nach Verhaltenskodizes abgesucht. Zusätzlich wurde mit Hilfe von Internetsuchmaschinen auf Englisch und Russisch nach Schlagwörtern, wie „Ethik" oder „Kodex" in Zusammenhang mit dem Firmennamen gesucht. Aus den auf dieser Grundlage identifizierten Verhaltenskodizes wurden per *Zufallsauswahl* neun zur näheren Untersuchung ausgewählt. Bis auf Gazprom haben alle Firmen dieses Dokument auch in einer englischsprachigen Übersetzung veröffentlicht, welche in jeder Hinsicht eine vollständige inhaltliche und stilistische Übertragung der russischen Ausgabe darstellt[13]. Es handelt sich bei den Urhebern vor allem um private und staatliche Firmen aus der Schwer-, Rohstoff- und Ölindustrie, sowie der Telekommunikationsbranche (siehe Tabelle 2), da diese Branchen den RTS-Index dominieren.

Die amerikanische Vergleichsgruppe wurde aus den sechs größten, im Öl- und Telekommunikationssektor tätigen Firmen der Forbes 500-Liste zusammengestellt. Alle ausgewählten amerikanischen Unternehmen verfügen über Kodizes. Mit diesem Vorgehen werden Brancheneffekte als Störfaktoren in einem Ländervergleich entschärft. Wie bereits erwähnt, lässt das Ergebnis dadurch nur Rückschlüsse auf die betrachteten Branchen zu.

---

[13] Kodizes, die auf den Firmenwebsites lediglich zusammengefasst oder in die Menüstruktur der Website eingeflochten wurden, gehören dagegen nicht zur Stichprobe. Ebenso wurden Dokumente ausgeschlossen, die sich nicht auf den offiziellen Firmenwebsites finden lassen konnten.

Name des Unternehmens	Branche
Russland	
• Lukoil	Erdöl- und Gas
• Magnitogorsk Iron and Steel Works (MMK)	Schwerindustrie
• Mechel	Bergbau
• Mobile TeleSystems (MTS)	Telekommunikation
• Gazprom	Erdöl- und Gas
• Rosneft	Erdöl- und Gas
• Rostelecom	Telekommunikation
• SISTEMA	Telekommunikation u. Dienstleistungen
• TNK-BP	Erdöl- und Gas
USA	
• AT&T	Telekommunikation
• Chevron	Erdöl- und Gas
• CISCO Systems	Telekommunikation u. Netze
• Conoco Philips	Erdöl- und Gas
• Exxon Mobile	Erdöl- und Gas
• Verizon	Telekommunikation

Tabelle 2: Auswahl russischer und amerikanischer Unternehmen mit Kodex

2.1 Qualitative Inhaltsanalyse

Bei der qualitativen Inhaltsanalyse nach Mayring (2010) werden große Datenmengen geordnet und systematisch zusammengefasst, um eine valide Antwort auf Forschungsfragen erlangen zu können. Im vorliegenden Fall eignet sich die Analysemethode skalierende Strukturierung, da sie zuvor definierte Aspekte aus dem Material herausfiltern und das Material anhand bestimmter Kriterien einzuschätzen kann (vgl. Mayring 2010, 65).

Die *Auswertungseinheit* gibt an, wie oft das Material gemäß den Dimensionen A 1. bis A 5. eingeschätzt wird (vgl. Mayring 2010, 105). Sie wird für jeden Untersuchungsschwerpunkt einzeln bestimmt, bezieht sich aber meist auf das gesamte Dokument. Wenn es bspw. um die Einschätzung der Detailliertheit der Regeln eines Kodex geht, wird jede aufgeführte Regel als Auswertungseinheit einzeln betrachtet und kategorisiert. Bei der Analyse der Kontrollmechanismen bilden stattdessen die Absätze die sich der Kontrolle widmen die Auswertungseinheiten.

Die Einschätzungsdimensionen A 1. bis A 5. sind ein Resultat des Vergleichs der kulturellen Grundannahmen. Ihre Ausprägungen entsprechen den Kategorien, nach denen das Material kodiert wird. Die Bildung der Kategorien, d.h. der Ausprägungen der Dimensionen, ist ein zentraler Schritt der Inhaltsanalyse und kann anhand induktiver und deduktiver

Techniken erfolgen[14] (vgl. Mayring 2010, 83). Besonders für das hier vorliegende explorative Erkenntnisinteresse bietet sich eine induktive Kategorienbildung an. Um die inhaltlichen Kategorien in A 1. zu bilden, werden theoretische Überlegungen und Ergebnisse von vorangegangenen Studien herangezogen. So verpflichtet der SOX (web[2]: SOX) amerikanischer Unternehmen zu einem inhaltlichen Minimum ihrer Verhaltenskodizes. Und auch Kaptein (2004, 23) und Holder-Webb & Cohen (2011, 37) haben bereits empirisch Listen mit typischen Inhalten amerikanischer Verhaltenskodizes erarbeitet. Das vorliegende Material der zu untersuchenden Firmen aus Tabelle 2 hatte bei der Kategorienbildung allerdings immer Vorrang. Damit wird sichergestellt, dass mögliche Kategorien mit dem Material zusammenpassen. Früh (2011, 86) plädiert in diesem Sinne für ein Kategoriensystem, das so einfach wie möglich und so komplex wie nötig gestaltet wird.

Eine Textstelle kann grundsätzlich nicht zwei verschiedenen Kategorien zugeordnet werden. Im Kodierleitfaden im Anhang werden die einzelnen Kategorien der Einschätzungsdimensionen A 1. bis A 5. daher definiert, präzise Kodierregeln angegeben und ein Ankerbeispiel zitiert, welches die Ausprägung prototypisch abbildet (vgl. Mayring 2002, 118). Desweiteren wird die anhand des Kodierleitfadens vorgenommene Kodierung der untersuchten Kodizes im Anhang detailliert dokumentiert und mit Zitaten belegt. Da im vorliegenden Fall nicht *konsensual kodiert* werden kann, sondern nur eine einzige Person den Inhalt einordnet, soll die exakte Vorgehensbeschreibung das Ergebnis nachvollziehbar und gegebenenfalls reproduzierbar machen. Dennoch handelt es sich bei der Inhaltsanalyse um eine hermeneutische Methode, bei der umstritten ist, ob die klassischen sozialwissenschaftlichen Gütekriterien überhaupt geltend gemacht werden können (vgl. Mayring 2010, 118).

2.2. Ergebnisse der Inhaltsanalyse

Da sich die Bildung der Dimension A 1. „Allgemeiner Inhalt" in erster Linie an den amerikanischen Kodizes orientiert hat, umfassen diese generell alle hier aufgeführten Unterpunkte. Bei einer Gegenüberstellung mit russischen Kodizes fällt auf, dass in den letzteren eine Ansprache der Mitarbeiter durch den CEO sehr selten vorkommt. Auch die Aufzählung der Unternehmenswerte und der Mission ist seltener ein Bestandteil in russischen Verhaltenskodizes. Stattdessen werden in vielen russischen Dokumenten

---

[14] Deduktive Kategorien werden aus theoretischen Überlegungen der Voruntersuchungen abgeleitet. Dagegen definiert die induktive Herangehensweise die Kategorien direkt aus dem Ausgangsmaterial, ohne sich auf theoretische Konzepte zu beziehen (vgl. Mayring 2010, 83).

(Rosneft, Rostelecom, Sistema, TNK-BP) spezielle *ethische* Unternehmenswerte und Prinzipien aufgeführt. Trotz kleinerer Variationen, decken sich die Regeln in russischen und amerikanischen Verhaltenskodizes auf einer übergeordneten Ebene größtenteils (siehe Tabelle 3).

Dimension A 1. Allgemeiner Inhalt	US-Kodizes (n=6)	Russische Kodizes (n=9)
1.1. Brief des CEO	immer (6/6)	selten (2/9)
1.2. Einführung	sehr häufig (5/6)	sehr häufig (8/9)
1.3. Mission u. Werte	häufig (4/6)	gelegentlich (4/9)
1.4. Bekenntnis zu Gesetzen	immer (6/6)	immer (9/9)
1.5. Fairer Wettbewerb	immer (6/6)	häufig (7/9)
1.6. Interessenkonflikte	immer (6/6)	immer (9/9)
1.7. Vergabe und Annahme von Geschenken	immer (6/6)	sehr häufig (8/9)
1.8. Firmeneigentum	immer (6/6)	immer (9/9)
1.9. Vertrauliche Informationen	immer (6/6)	immer (9/9)
1.10. Buchführung u. Veröffentlichung von Geschäftszahlen	immer (6/6)	immer (9/9)
1.11. Insider Handel	sehr häufig (5/6)	häufig (7/9)
1.12. Verbot von Korruption u. Betrug	immer (6/6)	häufig (6/9)
1.13. Gesundheit und Sicherheit	immer (6/6)	häufig (6/9)
1.14. Umgang der Mitarbeiter untereinander	immer (6/6)	sehr häufig (8/9)
1.15. Meldung von Verstößen gegen den Kodex	immer (6/6)	immer (9/9)
1.16. Sonstige Bestandteile	Alkohol und Drogen (5/6)	Änderungsklausel (5/9), ethische Unternehmenswerte (5/9), Shareholder-Rechte (3/9), Arbeiter-Dynastie(2/9)

Tabelle 3: Allgemeine inhaltliche Bestandteile amerikanischer und russischer Kodizes[15]

Vergleichsweise seltener kommen in russischen Kodizes allerdings Regelungen zum Insider-Handel und zur Sicherheit und Gesundheit sowie ein explizites Verbot von Korruption vor. Elemente, die in einigen russischen, aber in keinem amerikanischen Kodex vorkommen, sind Bestimmungen zum Änderungsverfahren des Kodex, die bereits genannten ethischen Unternehmenswerte sowie ein Hinweis auf *Arbeiter Dynastien* (MMK,

---

[15] Skalierung: 100%= immer, 99-80%= sehr häufig, 79-60% = häufig, 59-40% = gelegentlich, 39-20% selten, 19-1% sehr selten, <1% = nie.

Lukoil). Hierbei handelt es sich um eine Form von Nepotismus, der in einige Kodizes Einzug gefunden hat. Bei MMK heißt es diesbezüglich:

> "The Company shall foster its personnel's labour traditions and the so called "labour dynasties" (succession of family members in the same trade), instrumental in promoting corporate loyalty, labour discipline and productivity, and the efficiency of educational work in labour teams." (MMK, 4).

Zudem beinhalten die Verhaltenskodizes von Lukoil, Rosneft und Sistema umfassende Garantien zur Wahrung der Rechte von Shareholdern.

> "[…] Rosneft Oil Company respects the rights of all of its shareholders equally, irrespective of the amount of shares they own and adheres to the following principles: seeks opportunities to objectively minimize investor risks. […]" (Rosneft, 14).

Dagegen finden sich in vielen amerikanischen Kodizes eigene Kapitel zum Thema Alkohol und Drogen am Arbeitsplatz (vor allem Exxon Mobile) – Themen, die in keinem russischen Verhaltenskodex angesprochen werden.

Mit Dimension A 2. „Detailliertheit der Regelungen" soll nun ein genauerer Blick auf qualitative Unterschiede geworfen werden. Hierzu werden die Punkte 1.5. bis 1.14. analysiert und anhand der Kodieranleitung für A 2. (siehe Anhang iii) in „detaillierte und umfangreiche" oder „allgemeine und vage" Kategorien eingeordnet.

Die untersuchten amerikanischen Verhaltenskodizes lassen sich hinsichtlich ihrer Detailliertheit in zwei Gruppen einteilen: Die Mehrheit der Unternehmen (Chevron, Cisco, Conoco Philipps, Verizon) hat einen Großteil der Verhaltensregeln stark operationalisiert. Diese Kodizes sind umfangreicher und verfügen über viele Beispiele, weiterführende Informationen, Handlungsanweisungen, präzise Definitionen sowie Abgrenzungen des Geltungsbereichs der einzelnen Regelungen. Die Verhaltenskodizes von AT&T und Exxon Mobile beinhalten zwar auch alle Verhaltensregeln. Diese sind dort aber – insbesondere bei AT&T – vage und allgemein formuliert.

Innerhalb der untersuchten russischen Kodizes gibt es nur bei Lukoil konsequent Beispielsituationen für die Regeln, nach amerikanischem Vorbild. Zudem fällt auf, dass der Kodex von Mechel eine z.T. wortgenaue Übertragung des MTS-Kodex ist. Im Vergleich mit amerikanischen Kodizes lässt schon der allgemein geringere textliche Umfang der russischen Verhaltenskodizes auf einen niedrigeren Grad der Detailliertheit schließen. Wie man Tabelle 4 entnehmen kann, sind dennoch einige Regelungen in amerikanischen und russischen Kodizes ähnlich umfangreich bzw. vage formuliert. Dazu zählen Regelungen zu Interessenskonflikten, Firmeneigentum, Veröffentlichung von Geschäftszahlen und Verbot von Korruption. Andere Regelungen, die in amerikanischen Dokumenten eigene Sinnabschnitte haben, werden in russischen Kodizes aber unter einer Überschrift zusammengefasst oder in einem Satz genannt.

Hierzu zählen die Regeln zum *fairen Wettbewerb*, zu *vertraulichen Informationen*, zur *Gesundheit und Sicherheit der Mitarbeiter* sowie zum *Umgang der Mitarbeiter untereinander*.

Dimension A 2. Detailliertheit		US-Kodizes (n=6)	Russische Kodizes (n=9)
1.5.	Fairer Wettbewerb	hoch (5/6)	niedrig (0/9)
1.6.	Interessenkonflikte	hoch (4/6)	hoch (7/9)
1.7.	Vergabe und Annahme von Geschenken	hoch (4/6)	mittel (4/9)
1.8.	Firmeneigentum	mittel (3/6)	mittel (5/9)
1.9.	Vertrauliche Informationen	hoch (4/6)	niedrig (0/9)
1.10.	Buchführung u. Veröffentlichung von Geschäftszahlen	hoch (4/6)	mittel (5/9)
1.11.	Insider Handel	hoch (5/6)	niedrig (2/9)
1.12.	Verbot von Korruption u. Betrug	niedrig (2/6)	niedrig (3/9)
1.13.	Gesundheit und Sicherheit	hoch (4/6)	niedrig (2/9)
1.14.	Umgang der Mitarbeiter untereinander	hoch (5/6)	niedrig (2/9)

Tabelle 4: Anteil der Kodizes mit umfangreichen und detailierten Regelungen[16]

Hinsichtlich des fairen Wettbewerbs werden Kartellbildung und Preisabsprachen mit Konkurrenten verboten oder es wird Mitarbeitern untersagt, inoffizielle Informationen von Wettbewerbern zu beschaffen oder zu benutzen, selbst wenn diese dem Unternehmen einen Wettbewerbsvorteil verschaffen können. Diese Regeln werden in amerikanischen Kodizes oft ausführlich behandelt, wie dieser Auszug aus dem Kapitel zum Umgang mit Wettbe-werbern zeigen soll:

> "[...] Some of the most serious antitrust offenses occur between competitors, such as agreements to fix prices or to divide customers, territories or markets. It is therefore important to avoid discussions with competitors regarding pricing, terms and conditions, costs, marketing or production plans, customers and any other proprietary or confidential information. [...] Unlawful agreements need not be written or even consist of express commitments. Agreements can be inferred based on "loose talk," informal discussions or the mere exchange of certain information. If you believe a conversation with a competitor enters an inappropriate area, end the conversation at once. [...]." (Conoco Philipps, 11f).

In vielen russischen Dokumenten wird sich diesem Thema dagegen nur sehr vage gewidmet:

> "Sistema bases its relationship with its competitors on mutual respect; it avoids unfair competition, unethical methods of obtaining competitive advantages and abuse of market position. It tries to settle potential disputes by good-faith negotiations and finding compromise solutions. [...]". (Sistema, 5).

Regeln zu vertraulichen Informationen beinhalten in amerikanischen Kodizes oft die ausführlichen Unterpunkte: „Schutz der Privatsphäre von Mitarbeitern und Kunden",

---

[16] Skalierung: 100-67%= hoch, 66-34% mittel, 33-0% niedrig.

„Gewissenhafter Umgang mit vertraulichen Informationen und Firmengeheimnissen", „Anweisungen zur Aufbewahrung von Schriftverkehr" sowie „Regeln zum Schutz geistigen Eigentums und Copyright". Mögliche Konfliktsituationen werden darüber hinaus in Frage Antwort-Szenarien erläutert (z.B. Verizon, 13f). In den russischen Dokumenten werden die Aspekte hinsichtlich vertraulicher Informationen meist unter dem vergleichsweise knapp formulierten Punkt „Confidential Information" zusammengefasst.

Auch Regelungen zur Sicherheit am Arbeitsplatz sind in amerikanischen Verhaltenskodizes umfangreicher und konkreter. So wird Mitarbeitern bspw. erlaubt, sich Handlungen zu widersetzen, die ihre oder die Sicherheit von Mitarbeitern gefährden (z.B. Verizon, 5). In vielen russischen Kodizes fehlt dieser Punkt komplett oder es wird lediglich auf die Einhaltung bestehender Sicherheitsgesetze verwiesen (z.B. MTS, 6).

Am auffälligsten unterscheiden sich russische und amerikanische Kodizes hinsichtlich der Regeln zum gegenseitigen Umgang der Mitarbeiter untereinander. Der Punkt besitzt in den untersuchten amerikanischen Dokumenten einen beachtlichen Umfang und eine hohe Präzision. Er untergliedert sich bei fast allen Kodizes in die Unterpunkte: „Equal Opportunities, „Harassment-Free Workplace" und „Alcohol and Drugs Use", welche durch Beispiele im Kodex verdeutlicht werden. Bei Verizon (4ff) gibt es zudem ein Verbot von Glücksspiel und Vorgaben zum Mitarbeiterverhalten außerhalb der Arbeitszeiten. Obwohl Exxon Mobile viele Regelungen knapp formuliert, widmet sich das Unternehmen auf mehreren Seiten dem Thema Alkohol- und Drogenmissbrauch. Zudem setzt sich dort die unternehmensinterne Gleichstellungs- und der Antidiskriminierungspolitik jeweils aus einer allgemeinen und einer für die USA leicht modifizierten Version zusammen. Dagegen wird in vielen russischen Verhaltenskodizes dem Umgang der Mitarbeiter untereinander kaum eine größere Bedeutung beigemessen. Die meisten russischen Dokumente kommen über eine allgemeine Formulierung nicht hinaus, wie das folgende Beispiel verdeutlichen soll:

> "MTS is committed to complying with all applicable laws and regulations relating to its employment practices and strictly prohibits discrimination and harassment. This applies to all areas of employment, including hiring, training, promotion, compensation, discipline and termination. All employees are responsible for creating and maintaining a work environment free from harassment or other inappropriate behavior. Workplace harassment, violence, or the threat of violence, will not be tolerated." (MTS, 7).

Besonders auffällig ist die Formulierung der interpersonalen Beziehungen bei MMK, diese „should be based on the principles of mutual respect and subordination [sic!]." (MMK, 4). Grundsätzlich lässt sich festhalten, dass die untersuchten russischen Verhaltenskodizes allgemeiner formuliert sind als die jeweiligen amerikanischen Dokumente und Mitarbeitern folglich weniger konkrete Verhaltensvorgaben machen.

In der Einschätzungsdimension A 3. wurde untersucht, ob sich die Kodizes hinsichtlich ihres Geltungsbereichs unterscheiden. Hierbei konnte festgestellt werden, dass sich sowohl die betrachteten amerikanischen, als auch die russischen Dokumente ausnahmslos an die gesamte Mitarbeiterschaft inklusive des Vorstands richten. Es lediglich bei Cisco und Verizon Ausnahmen bzw. zusätzliche Sonderregelungen für bestimmte Gruppen. Der Cisco-Kodex merkt an, dass es für Mitarbeiter mit entsprechenden Aufgaben einen weiterführenden Public Sector Ethics Code und einen Cisco Financial Officer Code of Ethics gibt (Cisco, 7). Verizon schließt ein Tochterunternehmen vom Geltungsbereich seines Kodex aus, da dieses Unternehmen einen eigenen Verhaltenskodex veröffentlicht hat. Ferner formulieren sowohl einige amerikanische, wie auch russische Verhaltenskodizes ethische Erwartungen an Geschäftspartner (AT&T, Cisco, Conoco Philipps, Gazprom, TNK-BP). Bei AT&T werden Mitarbeiter sogar aufgerufen, dem AT&T-Kodex entgegenstehendes Verhalten von Vertragspartnern zu melden (AT&T, 1). Kulturelle Unterschiede lassen sich in Hinblick auf den Geltungsbereich der Kodizes letztendlich nicht feststellen.

Die in den Verhaltenskodizes eingesetzten Kontrollinstrumente werden mit der Dimension A 4. analysiert (Siehe dazu Tabelle 5). Die Kontrollmechanismen der untersuchten amerikanischen Kodizes zeichnen sich dadurch aus, dass sie vorwiegend auf Selbstkontrolle basieren. Mitarbeiter sollen sich an den Kodex halten, ihre Umwelt auf die Regeln hinweisen und Fehlverhalten von anderen ansprechen bzw. anzeigen. Hierbei verpflichten sich alle analysierten amerikanischen Unternehmen dazu, den Mitarbeiter, nachdem er berechtigte ethische Missstände zur Anzeige gebracht hat, vor negativen Konsequenzen innerhalb der Firma zu schützen. Zudem verfügen zwei Drittel dieser Kodizes über Instrumente, wie Telefonhotlines oder Email-Adressen, mit denen Mitarbeiter ausdrücklich auch anonyme Eingaben machen können. Bei vielen Unternehmen werden zusätzliche interne Kontrollen angekündigt bzw. nicht ausgeschlossen. Diese umfassen Alkohol- und Drogentests (Chevron, Exxon), die Überwachung der Mitarbeiterkommunikation (Chevron, Conoco Philipps, Verizon), eine obligatorische Compliance-Zertifikation (Cisco, Conoco Philipps) oder eine interne Überprüfung der Buchführung (Chevron, Conoco Philipps, Exxon, Verizon). Ein Hinweis, der Stakeholder zur Überwachung des Verhaltenskodex befähigt, findet sich nur bei Cisco.

Die Kontrollinstrumente der russischen Kodizes ähneln denen der amerikanischen Firmen. Es gibt etwas seltener den Hinweis auf interne Kontrollen. Im Gegensatz zu amerikanischen Kodizes enthalten die Hälfte der untersuchten russischen Dokumente Passagen, in denen deutlich gemacht wird, dass nicht nur Mitarbeiter, sondern jeder Stakeholder ethische Missstände bei der Firma zur Anzeige bringen kann. So heißt es etwa bei TNK-BP: "The Company encourages third parties to let us know when the Company or its employees or agents or counterparties violate the principles and rules expressed in this Code." (TNK-BP, 3).

Dimension A 4. Kontrollinstrumente	US-Kodizes (n=6)	Russische Kodizes (n=9)
4.1. Kontrolle durch Mitarbeiterselbstkontrolle	hoch (6/6)	hoch (9/9)
4.1.1. dabei ausdrücklich Möglichkeit zu anonymen Meldung von Verstößen	hoch (4/6)	hoch (6/9)
4.1.2. Verbot von Sanktionen gegen den Informanten	hoch (6/6)	hoch (6/9)
4.2. Weitere interne Kontrollinstrumente (Alkoholkontrollen, Wirtschaftsprüfung etc.)	hoch (5/6)	mittel (5/9)
4.3. Hinweis auf Kontrollmöglichkeit durch externe Stakeholder	niedrig (1/6)	mittel (4/9)

Tabelle 5: Anteil der Kodizes mit folgenden Kontrollinstrumenten[17]

In der letzten Untersuchungsdimension A 5. wird die gesellschaftliche Verpflichtung der Unternehmen innerhalb der Verhaltenskodizes analysiert. In den amerikanischen Dokumenten finden sich solche Angaben oft im „Comittment to the Communites". Sie bestehen in der Regel aus allgemeinen gesellschaftlichen Verpflichtungen, dem Bekenntnis zu Menschenrechten, dem Schutz der Umwelt und der Gesundheit der Bevölkerung und der Erwähnung von sozialen Programmen des Unternehmens. Alle sechs amerikanischen Kodizes bekennen sich zumindest allgemein zu ihrer sozialen Verantwortung. Die russischen Verhaltenskodizes lassen sich dagegen in zwei Gruppen unterteilen. Zwei Drittel verpflichtet sich ausdrücklich gegenüber der Gesellschaft, während sich in einem Drittel der Kodizes (Mechel, MTS, Rostelecom) dazu keinerlei Angaben finden lassen. Des Weiteren finden sich in russischen Kodizes vergleichsweise seltener explizite Bekenntnisse zur Wahrung der Menschenrechte und zum allgemeinen Schutz der Umwelt, sowie der gesellschaftlichen Gesundheit und Sicherheit in dem Operationsgebiet der Unternehmen. Auffällig ist dagegen, dass die russischen Unternehmen innerhalb ihrer Kodizes häufiger ihre soziale Verantwortung erwähnen und detaillierter auf ihre CSR-Aktivitäten v.a. im

---

[17] Skalierung: 100-67%= hoch, 66-34% mittel, 33-0% niedrig.

Kultur- und Bildungsbereich hinweisen (MMK, Rosneft, Sistema, TNK-BP). Von den 6 amerikanischen Unternehmen gibt es nur bei Cisco einen ausführlicheren Hinweis auf CSR-Maßnahmen.

Dimension A 5. Soziale Verpflichtung	US-Kodizes (n=6)	Russische Kodizes (n=9)
5. Allgemeine Verpflichtung gegenüber der Gesellschaft	hoch (6/6)	hoch (6/9)
5.1. zum Schutz der Menschenrechte	hoch (4/6)	niedrig (2/9)
5.2. zum Schutz von Umwelt, Gesundheit u. Sicherheit	hoch (5/6)	niedrig (3/9)
5.3. zur Unterstützung diverser sozialer Programme	mittel (3/6)	mittel (5/9)

Tabelle 6: Anteil der Kodizes mit einer sozialen und gesellschaftlichen Verpflichtung[18]

2.3 Analyse des Stils anhand kulturspezifischer Textsortenmerkmale

Damit die Kodizes im russischen Kommunikationssystem funktionieren können, müssen ihre Vertextungselemente auch an den dort vorherrschenden Stil angepasst werden. Zur Beantwortung der Frage B 1. soll deshalb nun die empirische Häufigkeit verschiedener Merkmalsausprägungen bestimmt werden. Die theoriegeleitete Herleitung der Ausprägungen basiert auf Bolten et al (1996), die die Stile von Geschäftsberichten in unterschiedlichen kulturellen Kontexten analysieren. Sie unterscheiden *verbale, extraverbale, paraverbale* und *nonverbale* Eigenschaften von Kommunikation. Verbale Unterschiede werden auf der sprachlichen Ebene deutlich. Die extraverbalen Dokumenteneigenschaften zeigen deren Veröffentlichungskontext an. Nonverbale Aspekte konzentrieren sich auf das allgemeine Layout. Dagegen beschreibt die paraverbale Ebene bspw. die Typographie und den Satzspiegel. Da sich non-verbale und paraverbale Elemente oft nicht eindeutig voneinander trennen lassen, werden sie von Bolten et al (1996, 394) als *nicht-sprachliche* Elemente zusammengefasst. Die genannten Eigenschaften hängen miteinander zusammen und bilden ein kommunikatives System (vgl. Bolten 2007, 25). Sie werden im Folgenden anhand noch weiter ausdifferenzierter Merkmalsausprägungen bei den sechs amerikanischen und neun russischer Kodizes beschrieben und miteinander verglichen.

Bolten et al (1996, 404) zählt die *außersprachlichen* Elemente Textumfang, Distribution, Erscheinungsweise, Zielsetzung und Urheberschaft auf. Weil Seitenzahlen bei unterschiedlichem Layout nur begrenzte Aussagen über den Umfang ermöglichen, wird hier die Anzahl der Wörter pro Dokument ergänzt. Das Forschungsdesign gibt die Erscheinungs-

---

[18] Skalierung: 100-67%= hoch, 66-34% mittel, 33-0% niedrig.

weise und den Distributionskanal *Firmenwebsite* bereits vor. Betrachtet werden soll allerdings, wo genau sich die Verhaltenskodizes auf den Websites befinden.

Als *nichtsprachliche* Elemente differenzieren Bolten et al (1996, 417) Schriftsatz, Spalten-breite, Schriftfarben, Anteil der Tabellen und Bilder. Die Qualität der Informationsträger-gestaltung und das Format sind weitere Kriterien (vgl. Bolten et al 1996, 405).

Die Textstruktur, Eigennamen, Zahlen/Numeralia und den Anteil verschiedener Wortarten stehen bei der Analyse *sprachlicher* Vertextungselemente im Mittelpunkt (vgl. Bolten et al 1996, 417). Da die Inhalte der Kodizes im Gegensatz zur Studie von Bolten et al (1996) nicht identisch sind, erscheint eine tiefgreifende sprachliche Gegenüberstellung hier nicht sinnvoll. Neben der Bezeichnung des Dokuments soll aber auch die Anrede der Leser untersucht werden, da sie unabhängig vom Inhalt etwas über das Verhältnis von Autor und Rezipient aussagt. Die Ausprägungen der Vertextungselemente der einzelnen Verhaltens-kodizes werden in einer Frequenzanalyse betrachtet, ausgezählt und anschließend für den jeweiligen Kulturraum zusammengefasst.

2.4 Ergebnisse der Analyse des kulturellen Stils

Die Frage, ob sich amerikanische und russische Kodizes stilistisch unterscheiden, kann definitiv mit *ja* beantwortet werden (siehe Tabelle 7)[19].

Bei der Platzierung der Dokumente auf den Firmenwebsites gibt es keine kulturellen Auffälligkeiten. Je nach Struktur der Website sind die Dokumente unter dem Punkt „Corporate Governance", „About the Company", „interne Dokumente" oder ähnlichem abgelegt. Die Kodizes russischer Unternehmen erscheinen dabei in der Mehrzahl der Fälle in einer englischsprachigen und einer russischsprachigen Version, welche sich inhaltlich und stilistisch nicht unterscheiden. Sehr auffällig ist, dass russische im Vergleich zu amerikanischen Kodizes einen viel geringeren Textumfang besitzen. Der Unterschied spiegelt sich im Median in dem Verhältnis 1:3 wider. Auf der ersten Seite ist zudem gut sichtbar vermerkt, wann (Tag/Monat/Jahr) das Board of Directors den Kodex angenommen hat. Bei amerikanischen Kodizes und bei den aufwändiger gestalteten russischen Kodizes von Lukoil und TNK-BP fehlt dieser Veröffentlichungsvermerk jedoch. Bei allen amerika-nischen Dokumenten findet man stattdessen auf den ersten Seiten ein persönliches Geleit-wort des Firmenchefs. In russischen Kodizes gibt es diesen indirekten Urheberschaftsbeleg nur bei Lukoil und Sistema.

---

[19] Eine Aufschlüsselung der Einzelergebnisse zu B 1. findet sich im Anhang xiv-xv.

Auch bei den nichtsprachlichen Textelementen unterscheiden sich die beiden Analysegruppen. Russische Dokumente sind bis auf den Kodex von Lukoil nüchtern gestaltet. Sie bestehen aus einem Deckblatt mit Titel und Annahmevermerk, Überschriften in Großbuchstaben, einem Textkörper mit schwarzer Schriftfarbe, der z.T. in Blocksatz formatiert wurde, sowie vielen Aufzählungen und Stichpunkten. Alle russischen Verhaltenskodizes sind standardmäßige Hochformate. Abgesehen davon, dass teilweise Firmenpapier mit Logo benutzt wird, gibt es bei der Mehrzahl der russischen Dokumente optisch keinerlei Anpassung an die jeweilige Corporate Identity. Der Einsatz von Fotos ist eine Ausnahme. Der typische russische Verhaltenskodex hat damit eher den seriös-formalen Charakter einer Bekanntmachung. Amerikanische Kodizes variieren dagegen stärker im Layout. Sie sind alle in Flattersatz formatiert. Viele von ihnen verfügen über 2-3 Spalten unterschiedlicher Breite sowie über Hinweisboxen und weitere Gestaltungselemente, die das Erscheinungsbild auflockern. Das Format variiert von Kodex zu Kodex zwischen Hoch- und Querformat. Auch unterschiedliche Schriftfarben kommen vergleichsweise häufiger zum Einsatz. Außerdem besitzen fast alle untersuchten amerikanischen Dokumente eine gestaltete Vorder- und Rückseite, was ihren Broschüren-Charakter unterstreicht.

Vertextungselement	US-amerikanisch (n=6)	Russisch (n=9)
Extraverbal:		
Textumfang (Median)	hoch (30 Seiten)	gering (11Seiten)
Anzahl der Wörter (Median)	hoch (~9500)	gering (~3900)
Urheberschaft	Geleitwort durch Firmenchef	Vermerk des Board of Directors
Nichtsprachlich:		
Schriftsatz	Flattersatz	⅔ Blocksatz, ⅓ Flattersatz
Layout	2-3 Spalten u. Hinweisboxen	keine Spalten
Schriftfarben	mehrere (bis zu 3 Farben)	eine (schwarz)
Variation im Format	hoch	sehr gering
Anteil der Bilder (Fotos)	gering	sehr gering
Sprachlich:		
Bezeichnung des Dokuments	eher "Code of Conduct "	eher "Code of (Business) Ethics"
geläufige Ansprache	direkt, 2. Pers. Singular/Plural („you", „we")	indirekt, 3. Pers., Singular („the employee", „the company")

Tabelle 7: Durchschnittliche Ausprägung der kulturspezifischen Textsortenmerkmale

Unterschiede gibt es auch auf der sprachlichen Ebene. Während in allen amerikanischen Dokumentenbezeichnungen von *Conduct* bzw. Verhalten die Rede ist, findet sich in allen russischen Titeln das Wort *Ethik*. Verhaltenskodex, im Sinne von „Code of Business

Conduct (and Ethics)" nennen sich lediglich drei der neu analysierten russischen Kodizes. Ein offizieller und unpersönlicher Charakter vieler russischer Kodizes wird durch die indirekte Ansprache der Leser verstärkt. Diese werden in zwei von drei Kodizes in der dritten Person Singular bzw. Plural angesprochen: „*All employees* are entitled to work in an atmosphere of respect and understanding." (MMK, 4). Auch über das Unternehmen wird in der 3. Person Singular gesprochen.

In den meisten amerikanischen Kodizes wird der Leser dagegen direkt in die Pflicht genommen. Es finden sich zwar auch Beschreibungen des Unternehmens in der 3. Person Singular, allerdings dominiert die 2. Person Singular bzw. Plural den Stil der Dokumente: "*We* are passionate about preserving *our* positive culture and ensuring that each individual is treated with respect and dignity […]." (Cisco, 10). Die einzige Ausnahme macht der Kodex von Exxon Mobile, der ausschließlich die 3. Person Singular bzw. Plural benutzt.

2.5 Diskussion der Ergebnisse beider Analysen

Wie die Analyse gezeigt hat, haben russische Unternehmen ihre Verhaltenskodizes nicht einfach von amerikanischen Firmen kopiert. Vielmehr unterscheiden sich die untersuchten Dokumente inhaltlich und noch deutlicher stilistisch. Aber wie ist dieses Ergebnis im Licht der Vorüberlegungen einzuordnen?

Zum einen geben isomorphe Kräfte den kleinsten gemeinsamen Nenner der Praktik vor. So finden sich die allgemeinen inhaltlichen Aspekte amerikanischer Kodizes auch in russi-schen Kodizes wieder. Es gibt ähnliche Kontrollinstrumente und Formulierungen. Das Konzept als solches wurde offensichtlich transferiert, auch wenn einige Punkte sich nicht mit den kulturellen Grundannahmen in Russland decken. Davon abgesehen ermöglichte die Abwesenheit von starkem Druck und präzisen Vorgaben eine bedingte kulturelle Anpassung der Praktik nach dem Transfer. Dafür sprechen einige Eigenschaften des transferierten Artefakts, die sich auf die stark divergierenden, kulturellen Grundannahmen zurückführen lassen: Eine Erklärung für den geringeren Umfang der russischen Verhal-tenskodizes ist, dass staatliche Bestimmungen und gesellschaftliche Erwartungen den Unternehmen ohnehin kaum Spielräume bei der Verhaltenssteuerung ihrer Mitarbeiter lassen. Der Umgang mit vertraulichen Informationen und der Missbrauch von Alkohol sind bspw. im russischen Arbeitsgesetzbuch (vgl. web[3]: Arbeitsrecht) geregelt. Dieser institutio-nell regulative Rahmen muss nach der hier verwendeten Kulturdefinition als Ausdruck russischer Grundannahmen verstanden werden.

Da davon auszugehen ist, dass die untersuchten russischen Unternehmen gerade erst am Anfang ihrer Internationalisierung stehen, besitzt die nationale Gesetzgebung in Russland für sie eine vergleichsweise große Bedeutung. Auch durch die, mit dem geringen Internationalisierungsgrad verbundene, homogenere Belegschaft, müssen die russischen Kodizes nicht so große kulturelle Distanzen überbrücken, wie etwa die amerikanischen Exemplare. Eine stärkere Ausformulierung von Verhaltensregeln im Sinne einer kohärenten Organisationskultur und Corporate Identity erübrigt sich, da ein Verweis auf das nationale russische Recht ausreicht. Amerikanische Unternehmen brauchen im Gegensatz dazu Verhaltensregelungen, die weltweit und unabhängig von lokalen Gesetzen gelten können.

Wie die Grundannahmen gezeigt haben, gibt es in den USA kulturbedingt eine stärkere universalistische Neigung, sowie eine höhere Handlungsorientierung als in Russland. Dies impliziert, dass amerikanische Unternehmen die Verrechtlichung des alltäglichen Verhaltens engagierter vorantreiben, als russische Firmen. In den amerikanischen Kodizes verdeutlicht sich dies darin, dass sie schon in ihrer Bezeichnung einen stärkeren Akzent auf Verhalten im Sinne von „Conduct" legen. Die russischen Dokumente stellen dagegen die Ethik als z.T. abstraktes und vorwiegend kollektives Konzept stärker in den Mittelpunkt und reagieren somit auf die speziellen Erfordernisse ihres kulturellen Kontextes. Die unterschiedliche Schwerpunktsetzung der Verhaltenskodizes deckt sich zudem mit den Definitionen des SOX und des RuCoC. Denn während im SOX von „honest and ethical conduct" (web[2]: SOX) die Rede ist, spricht der RuCoC von „Ethical Standards" (web[5]: RuCoC 2002).

Die transferierte Praktik weist auch inhaltliche Änderungen auf. Durch die Aufnahme von Klauseln, die die Rechte von Minderheitsaktionären und ausländischen Anteilseignern unterstreichen, antworten russische Kodizes auf Missstände in diesem Bereich, welche in Russland besonders in den 90er Jahren allgegenwärtig waren (vgl. Puffer/McCarthy 2008, 18). Gleiches gilt für die eigens aufgestellten ethischen Werte, die sich ausschließlich in einigen russischen Verhaltenskodizes finden lassen. Die russischen Kodizes kommunizieren außerdem ihr gesellschaftliches Engagement in Form von sozialen Programmen viel ausführlicher, als die analysierten amerikanischen Dokumente. Sie bringen dadurch den solidarischen Akzent im vorherrschenden Wirtschaftsethikverständnis zum Ausdruck und entsprechen dem Anspruch nach sozialer Verantwortung, die der RuCoC (web[5]: RuCoC 2002, 37) konkret an sie stellt.

Der geringere Umfang und die größere Unschärfe in den Formulierungen der russischen Kodizes ermöglichen den Mitarbeitern eine stärkere situative Auslegung der Regeln. In vielen Fällen wird nicht genau beschrieben, wie Mitarbeiter ein im Kodex angestrebtes Verhalten erreichen können. Die erwartete Beschränkung der Reichweite russischer Kodizes wird durch die dadurch entstandene Unverbindlichkeit nicht erforderlich, denn richtiges Verhalten bleibt an vielen Stellen Auslegungssache. Gleichzeitig erschweren sich damit die Evaluation und effektive Kontrolle der Verhaltenskodizes, weshalb eine symbolische Adoption der Praktik nach Meyer & Rowan (1977, 356f) wahrscheinlich wird.

Es wird zudem deutlich, dass die Anpassung des Artefakts an den lokalen Kontext in erster Linie dessen Sinnhaftigkeit für die Rezipienten erhöht und weniger rationalen Funktionalitätsüberlegungen folgt[20]. Wenn der einzelne Mitarbeiter – im Sinne der kulturellen Grundannahmen – durch sein individuelles Verhalten ohnehin kaum Veränderungen bewegen kann, braucht ihm der Verhaltenskodex auch keine konkrete Handlungsanweisung vorgeben. Offensichtlich spiegeln einige russische Kodizes diese kulturelle Grundannahme durch ihre Unschärfe implizit wider. Diese Feststellung führt auch zu der Frage, ob sich in russischen Firmen nicht besser andere, eventuell branchenübergreifende Instrumente zur Verhaltensregulierung und -kontrolle anbieten würden.

Hinsichtlich der Kontrolle der Kodizes wurde das amerikanische Konzept des Whistle Blowings in Russland größtenteils kopiert. Auch wenn es sich nicht mit den partikularen kulturellen Grundannahmen in Russland deckt, ist es schließlich ein grundlegender Bestandteil des amerikanischen Konzepts. Während der Rekontextualisierung der Kodizes in Russland ist gerade hier eine negativ-besetzte Sinnzuschreibung zu erwarten. Wie bereits in den Grundannahmen zum Verhältnis zur Umwelt vermutet, ziehen russische Unternehmen auch verstärkt externe Kontrollinstanzen hinzu. Sie fordern ihre Stakeholder auf, Verstöße zu melden. Dabei kann es sich um einen Weg handeln, mit der unternehmensinternen Gruppenloyalität, die in Russland oft über der Regeltreue steht, fertigzuwerden.

Die augenscheinlichsten Unterschiede kommen im Stil der Dokumente zu Tage. Die Gestaltung der amerikanischen Kodizes ist allein schon wegen der Frage- und Antwort-Sektionen und der persönlichen Ansprache viel dialogischer. Es wird dort der Anspruch erhoben, eine Orientierungshilfe für Mitarbeiter in ethisch unklaren Situationen zu sein. Das Fehlen eines Geleitwortes durch den Vorstand bzw. den Geschäftsführer in russischen Verhaltenskodizes kann als Indiz für eine niedrigere Gewichtung der Dokumente innerhalb

---

[20] An dieser Stelle sei daran erinnert, dass vor allem die Institutionalisten dem Funktionalitätsbegriff von Managementpraktiken sehr kritisch sehen und vielmehr von Legitimität sprechen. Die Frage, wann kulturelle Anpassungen für eine Praktik funktional bzw. dysfunktional sind, kann an dieser Stelle nicht beantwortet werden.

der Unternehmen gesehen werden. Es kann aber auch auf kulturelle Unterschiede in der Führungs- und Unternehmenskultur zurückgeführt werden.

Da eine stilistische Anpassung an die Corporate Identity nicht genauso aufwendig stattfindet wie bei den Amerikanern, bleibt zu vermuten, dass russische Firmen ihre Kodizes nicht im gleichen Maße als unternehmenskulturelle Instrumente ansehen. Genauso denkbar ist aber, dass russische Mitarbeiter die sehr sachlich gestalteten Dokumente aufgrund ihres kulturellen Stils leichter akzeptieren und als verbindlicher ansehen, als bspw. farbige Broschüren. Mit anderen Worten ändert sich die äußere Zeichenform bzw. der Signifikant, damit die Bedeutung – in diesem Fall die Verbindlichkeit des Dokuments – sichergestellt werden kann. Die hierarchische Struktur der Dokumente entspricht grundsätzlich dem jeweiligen intellektuellen Stil nach Galtung (1985), welcher in den Grundannahmen zu Realität und Wahrheit vorgestellt wurde. In Anbetracht ihrer vielen inhaltlichen und stilistischen Eigenheiten, lässt sich schließlich eine kulturbedingte Rekontextualisierung der russischen Verhaltenskodizes feststellen.

Diffusionstheoretiker wie Ansari et al (2010) liefern für die nachgewiesenen Unterschiede in den Kodizes eine weitere Erklärung. Sie gehen davon aus, dass sich transferierte Managementinstrumente u.a. in Abhängigkeit ihrer Reifephase im Zielkontext ähneln oder unterscheiden. Überträgt man diese Überlegung auf die Verhaltenskodizes, dann kann die Unerfahrenheit der Russen im Umgang mit dem relativ neuen Konzept eine weitere Ursache für deren lokale Besonderheiten sein. Gerade weil die Praktik in Russland noch relativ jung ist, kann sie dort erst Schritt für Schritt auf das jeweilige Unternehmen zugeschnitten und mit zunehmender Erfahrung inhaltlich konkretisiert werden. Die Unsicherheit im Hinblick auf ihre Folgen für die Organisation, kann bei den frühen Adoptoren zudem für eine sehr vorsichtige bzw. weniger umfangreiche Implementierung der Praktik sorgen. Folgt man dieser Überlegung, so beeinflusst neben den kulturellen Gesichtspunkten auch die Implementierungsphase, in der sich die neue Praktik befindet deren Erscheinungsbild.

IV. Fazit und Ausblick

Mit einer Zunahme der internationalen wirtschaftlichen Verflechtung finden unterschiedlichste kulturell geprägte Managementpraktiken Verbreitung, können jedoch nicht universell interpretiert werden. In dieser Arbeit wurde verdeutlicht, dass russische Unternehmen der Telekommunikations- und Rohstoffindustrie die amerikanische Praktik Verhaltenskodex an ihren kulturellen und institutionellen Kontext anpassen. Es konnte darüber hinaus gezeigt werden, dass der Druck, der russische Unternehmen zur Einführung der Praktik veranlasst hat, vorwiegend von internationalen und westlichen Akteuren ausgeht und nicht auf verbindlichen nationalen Gesetzen beruht. Fehlende institutionelle Zwänge machen es unnötig, dass russische Firmen die Praktik originalgetreu kopieren. Die Kombination aus isomorphen Kräften, die zur Einführung von unternehmensinternen Verhaltenskodizes beitragen und einer starken Orientierung an allgemeinen nationalen Gesetzen, bilden vielmehr die Ausgangsbasis für die kulturelle Anpassung der Praktik in Russland. Dass sich die kulturellen Grundannahmen in Hinblick auf wirtschaftsethische Gesichtspunkte zwischen den USA und Russland stark voneinander unterscheiden, verstärkt das Erfordernis einer Anpassung des Artefakts an den lokalen Kontext. Durch eine Analyse der Dokumente als kulturell geprägte Artefakte konnte dies beispielhaft belegt werden. Russische und amerikanische Verhaltenskodizes sind sich zwar ähnlich, unterscheiden sich allerdings in vielen inhaltlichen und stilistischen Gesichtspunkten auffallend. Wenn russische Unternehmen danach beurteilt werden, ob sie über Verhaltenskodizes verfügen, sollten diese Unterschiede berücksichtigt werden. Denn bisher kann von einer Standardisierung oder Konvergenz der Praktik im bi-kulturellen Vergleich keine Rede sein. Die aufgezeigten Unterschiede sind dabei aber nur eine Momentaufnahme.

Die Anpassung und Rekontextualisierung von transferierten Unternehmenspraktiken ist Realität und macht im Interesse international tätiger Firmen zukünftig weitere Untersuchungen nötig. Mit der Analyse und dem anschließenden Vergleich von wertefundierten Verhaltenskodizes aus zwei verschiedenen Kulturkreisen leistet diese Arbeit dazu einen Beitrag. Überdies stellen wertefundierte Verhaltenskodizes eine reichhaltige Quelle dar, bei deren Analyse z.T. Neuland betreten wurde. Das Erkenntnispotential, das die Kodizes besitzen, ist mit dieser Arbeit bei weitem nicht erschöpft. Nachfolgende kulturkontrastive Studien können zusätzliche Auswertungsdimensionen der Verhaltenskodizes definieren und vergleichend untersuchen oder andere Kulturkreise hinzuziehen. Besonders lohnenswert scheint in diesem Zusammenhang die tiefgehende Auseinandersetzung mit den Regelungen, die ausschließlich die Beziehung der Mitarbeiter untereinander betreffen.

Die explorative Herangehensweise wirft generell viele neue Fragen auf. So muss an dieser Stelle offen bleiben, ob die lokale Anpassung der Verhaltenskodizes aus Sicht der Akteure explizit bzw. bewusst intendiert oder implizit vorgenommen wurde. Auch die Wirkung der Änderungen auf die lokalen Mitarbeiter bleibt unklar. Eine Erforschung dieser Aspekte, z.B. durch qualitative Mitarbeiter-Interviews, kann dabei auf die inhaltsanalytische Vorleistung aufbauen und sollte weiter vorangetrieben werden.

Abschließend bleibt noch einmal zu unterstreichen, dass russische Verhaltenskodizes zwar auf amerikanischen Vorlagen beruhen, sich aktuell aber in vielerlei Hinsicht voneinander unterscheiden und damit abweichende kulturelle Grundannahmen widerspiegeln.

Literatur

Apressyan, Ruben G. (1997): Business Ethics in Russia. Journal of Business Ethics, Vol. 16, No. 14, 1561-1570.

Ansari, Shahazad M. / Fiss, Peer C. / Zajac Edward J. (2010): Made to Fit: How Practices vary as they Diffuse. In: Academy of Management Review, Vol. 35, No. 1, 67–92.

Asgary, Nader / Mitschow, Mark C. (2002): Toward a Model for International Business Ethics. In: Journal of Business Ethics, Vol. 36, 239–246.

Ardichvili, Alexandre / Jondle, Douglas / Kowske, Brenda / Cornachione, Edgard / Li, Jessica / Thakadipuram, Thomas (2012): Ethical Cultures in Large Business Organizations in Brazil, Russia, India, and China. In: Journal of Business Ethics, Vol. 105, 415–428.

Bailey, Wendy / Spicer, Andrew (2007): When does national identity matter? Convergence and Divergence in International Business Ethics. In: Academy of Management Journal, Vol. 50, No. 6, 1462-1480.

Barmeyer, Christoph (2012): „Context matters": Zur Bedeutung von Rekontextualisierung für den internationalen Transfer von Personalmanagementpraktiken. In: Stein, Volker / Müller, Stefanie (Hg.): Aufbruch des strategischen Personalmanagements in die Dynamisierung. Ein Gedanke für Christian Scholz. Vahlen, 101-115.

Barmeyer, Christoph / Davoine, Eric (2011): Die Implementierung wertefundierter nordamerikanischer Verhaltenskodices in deutschen und französischen Tochtergesellschaften. Eine vergleichende Fallstudie. In: ZfP - Zeitschrift für Personalforschung - German Journal of Research in Human Resource Management, Vol. 25, No. 1, 5-27.

Beekun, Rafik I. / Stedham, Yvonne / Yamamura, Jeanne H. / Barghouti, Jamal A. (2003): Comparing business ethics in Russia and the US. In: International Journal of Human Resource Management, Vol. 14, No. 8, 1333-1349.

Belikov, Igor (2011): Corporate Governance Disclosure in the Russian Federation. A case study by the Russian Institute of Directors, verfügbar unter: http://archive.unctad.org/sections/wcmu/docs/ciiisar_28th_BelikovPaper_en.pdf, zuletzt besucht, 19.12.2012.

Blazejewski, Susanne (2006): Transferring value-infused organizational practices in MNCs: a conflict perspective. In: Geppert, Mike / Mayer, Michael (Hg.): Global, national and local practices in multinational corporations. Houndmills/Basingstoke: Palgrave, 63-104.

Bolten, Jürgen / Dathe, Marion / Kirchmeyer, Susanne / Roennau, Marc / Witchalls, Peter / Ziebell-Drabo, Sabine (1996): Interkulturalität, Interlingualität und Standardisierung bei der Öffentlichkeitsarbeit von Unternehmen. Gezeigt an amerikanischen, britischen, deutschen, französischen und russischen Geschäftsberichten. In: Kalverkämper, Hartwig / Baumann, Klaus-Dieter (Hg.): Fachliche Textsorten: Komponenten – Relationen – Strategien. Tübingen.

Bolten, Jürgen (2007): Einführung in die Interkulturelle Wirtschaftskommunikation. Göttingen.

Bondy, Krista / Matten, Dirk / Moon, Jeremy (2004): The Adoption of Voluntary Codes of Conduct in MNCs: A Three-Country Comparative Study. In: Business and Society Review, Vol. 109, No. 4, 449–477.

Brannen, Mary Y. (2004): When Mickey loses face: Recontextualization, semantic fit, and the semiotics of foreignness. In: Academy of Management Review 2004, Vol. 29, 593-616.

Brannen, Mary Y. / Liker, Jeffery / Fruin, W. Mark (1999): Recontextualization and factory to factory knowledge transfer from Japan to the United States. In: Liker, Jeffery / Fruin, W. Mark / Adler, Paul (Hg.): Remade in America. Transplanting and Transforming Japanese Management Systems. Oxford u. New York, 117-153.

Buss, Andreas (1989): Die Wirtschaftsethik des russisch-orthodoxen Christentums. Heidelberg.

Czarniawska, Barbara / Jorges, Bernward (1996): Travels of Ideas. In: Czarniawska, Barbara / Sevón, Guje (Hg.): Translating Organizational Change. Berlin, New York.

DiMaggio, Paul J. / Powell, Walter W. (1983): The Iron Cage Revisited: Institutional Isomorphism and Collective Rationality in Organizational Fields. In: American Sociologi-calReview, Vol. 48, No. 2, 147-160.

D'Iribarne, Philippe / Henry, Alain (2007): Successful Companies in the Developing World; ADF, Lyon.

Edwards, Tony (1998): Multinationals, labour management and the process of reverse diffusion: A case study. In: The International Journal of Human Resource Management, Vol. 9, No. 4, 696-709.

Edwards, Tony (2008): The transfer of employment practices across borders in multina-tional companies. In: Harzing,Anne-Wil / Ruysseveldt, Joris Van (Hg.): International Human Resource Management. Los Angeles, 389-410.

Engel, Gerhard (2005): Karl Marx und die Ethik des Kapitalismus. In: Aufklärung und Kritik, Sonderheft, No. 10.

Frank, Christine (2012): Unternehmensethik in der russischen Transformationsökonomie und ihr gesellschaftlicher Mehrwert. Dissertation der Universität St. Gallen, Hochschule für Wirtschafts-, Rechts- und Sozialwissenschaften sowie Internationale Beziehungen zur Erlangung der Würde einer Doktorin der Sozialwissenschaften. Verfügbar unter: http://verdi.unisg.ch/ www/edis.nsf/SysLkpByIdentifier/4013/$FILE/dis4013.pdf, zuletzt besucht: 11.12.2012.

Galtung, Johan (1985): Struktur, Kultur und intellektueller Stil. Ein vergleichender Essay über sachsonische, teutonische, gallische und nipponische Wissenschaft. In: Wierlacher, Alois (Hg.): Das Fremde und das Eigene: Prolegomena zu einer interkulturellen Germanis-tik. München, 151-196.

Gillies, James / Peterson, Rein / Pekarsky, Alina (2004): The Role of Nongovernmental Organizations in Developing Corporate Governance Practices. In: McCarthy, Daniel / Puffer, Sheila / Shekshina, Stanislav (Hg.): Corporate Governance in Russia. Bodmin. Cornwall.

Helin, Sven / Sandström, Johan (2007): An Inquiry into the Study of Corporate Codes of Ethics. In: Journal of Business Ethics, Vol. 75, 253-271.

Helin, Sven / Sandström, Johan (2008): Codes, Ethics and Cross-Cultural Differences: Stories from the Implementation of a Corporate Code of Ethics in a MNC Subsidiary. In: Journal of Business Ethics, Vol. 82, 281–291.

Holder-Webb, Lori / Cohen, Jeffrey (2011): The cut and paste society: Isomorphism in Codes of Ethics. Verfügbar unter: http://papers.ssrn.com/sol3/papers.cfm?abstract_id=1932442, zuletzt besucht: 18.12.2012.

Kaptein, Muel / Wempe, Johan (2002): The Balanced Company. A Theory of Corporate Integrity. New York.

Kaptein, Muel (2004): Business Codes of Multinational Firms: What Do They Say? In: Journal of Business Ethics, Vol. 50, 13-31.

Kets de Vries, Manfred / Shekshina, Stanislav / Korotov, Konstantin / Florent-Treacy, Elizabeth (2004): The New Russian Business Leaders. Bodmin, Cornwall.

Kluckhohn, Florence R. / Strodtbeck Fred L. (1973): Variations in Value Orientations. Westport.

Kostova, Tatiana (1999): Transnational Transfer of Strategic Organizational Practices: A ContextualPerspective. In: Academy of Management Review, Vol. 24, No. 2, 308-324.

Kroeber, Alfred L. / Kluckhohn, Clyde (1952): Culture: A critical review of concepts and definitions. In: Anthropological Papers, No. 4, Cambridge.

Langlois, Catherine / Schlegelmilch, Bodo (1990): Do Corporate Codes of Ethics Reflect National Character? Evidence from Europe and the United States. In: Journal of International Business Studies, Vol. 21, No. 4, 519-539.

Lüsebrink, Hans Jürgen (2008): Interkulturelle Kommunikation. Interaktion, Fremdwahrnehmung, Kulturtransfer. Stuttgart, Metzler.

Lyskow-Strewe, Vladimir / Schroll-Machl, Sylvia (2007): Russland. In: Thomas, Alexander / Kammhuber, Stefan / Schroll-Machl, Silvia (Hg.): Handbuch Interkulturelle Kommunikation und Kooperation. Band 2: Länder, Kulturen und interkulturelle Berufstätigkeit. Göttingen, 103-119.

Mayring, Philipp (2002): Einführung in die qualitative Sozialforschung: Eine Anleitung zu qualitativem Denken, Weinheim u. Basel.

Mayring, Philipp (2010): Qualitative Inhaltsanalyse. Grundlagen und Techniken, 11. Auflage, Weinheim u. Basel.

McCarthy Daniel / Puffer, Sheila (2002): Corporate Governance in Russia: Towards a European, US, or Russian Model? In: European Management Journal, Vol. 20, No. 6, 630-640.

Meyer, John W. / Rowan Brain (1977): Institutionalized Organizations. Formal Structures as Myth and Ceremony. In: American Journal of Sociology, Vol. 83, No. 2, 340-363.

Nichols Johanna (1988): Nominalization and assertion in scientific Russian prose. In: Haiman, John / Thompson, Sandra (Hg.): Clause Combining in Grammar and Discourse. Philadelphia, 399-428.

Palazzo, Bettina (2000): Interkulturelle Unternehmensethik. Deutsche und amerikanische Modelle im Vergleich. Wiesbaden.

Palazzo, Bettina (2002): U.S.-American and German Business Ethics: An Intercultural Comparison. In: Journal of Business Ethics, Vol. 41, 195–216.

Parsons, Talcott (1952): The Social System. Glencoe/Il.

Peters, René (2004): Die Rolle multinationaler Unternehmen bei der Ausbreitung von Personalinnovationen. In: Wächter, Helmut/Peters, René (Hg.): Personalpolitik amerikanischer Unternehmen in Europa, 1. Auflage, München u. Mehring, 31-63.

Puffer, Sheila / McCarthy Daniel (1995): Finding the Common Ground in Russian and American Business Ethics. In: California Management Review, Vol. 37, No. 2, 29-46.

Puffer, Sheila / McCarthy, Daniel (2003): The emergence of corporate governance in Russia. In: Journal of World Business, Vol. 38, 284–298.

Puffer, Sheila/McCarthy, Daniel (2008): Interpreting the ethicality of corporate governance decisions in Russia: Utilizing integrative social contracts theory to evaluate the relevance of agency theory norms. In: Academy of Management Review, Vol. 33, 11-31.

Robertson, Christopher J. / Gilley, K. Matthew / Street, Marc D. (2003): The relationship between ethics and firm practices in Russia and the United States. In: Journal of World Business Vol., 375–384.

Rogers, Everett M. (1995): Diffusion of Innovations, 4. Auflage, New York.

Schein, Edgar H. (2004): Organizational culture and leadership. San Francisco, Calif, Jossey-Bass.

Scott, Richard W. (2001): Institutions and Organizations, 2. Auflage, Thousand Oaks.

Singh, Jang / Carasco, Emily / Svensson, Goran / Wood, Greg / Callaghan, Michael (2005): A comparative study of the contents of corporate codes of ethics in Australia, Canada and Sweden. In: Journal of World Business, Vol. 40, 91–109.

Smeltzer Larry R. / Jennings Marianne M. (1998): Why an International Code of Business Ethics Would be Good for Business. In: Journal of Business Ethics, Vol. 17, 57–66.

Trompenaars, Fons / Hampden-Turner Charles (2012): Riding the Waves of Culture. Understanding Diversity in Global Business. 3. Auflage, London, Boston.

Weaver, Gary R. (2001): Ethics Programs in Global Businesses: Culture's Role in Managing Ethics. In: Journal of Business Ethics, Vol. 30, 3–15.

web[1]:PM Europäische Kommission, verfügbar unter: http://europa.eu/rapid/press-release_IP-12-906_de.htm?locale=en, zuletzt besucht: 11.11.2012.

web[2]: SOX, verfügbar unter: http://www.sec.gov/rules/final/33-8177.htm, zuletzt besucht: 11.11.2012.

web[3]: Arbeitsrecht, verfügbar unter:
http://www.bblaw.com/uploads/media/BB_LaborLaw_Russia_de.pdf, zuletzt besucht:
15.11.2012.

web[4]: Patriarch 2004, verfügbar unter: www.wco.ru/biblio/books/svod_np/main.htm,
zuletzt besucht: 11.11.2012.

web[5]: RuCoC 2002, verfügbar unter:
www.ecgi.org/codes/documents/final_code_english.pdf, zuletzt besucht: 11.11.2012.

web[6]: IBLF 2012, verfügbar unter: www.iblfrussia.org/files/IBLF_eng_online.pdf, zuletzt
besucht: 11.11.2012.

web[7]: UNCTAD 2011, verfügbar unter: http://unctad.org/en/Docs/diaeed2011d3_en.pdf,
zuletzt besucht: 11.11.2012.

web[8]: Interfax 2012, verfügbar unter: www.interfax.com/newsinf.asp?id=352560, zuletzt
besucht: 11.11.2012.

web[9]: Ethics Guidelines 2004, verfügbar unter:
http://trade.gov/goodgovernance/adobe/IDARID BusEthicsGuidelinesEng.pdf, zuletzt
besucht: 11.11.2012.

Quellen der analysierten Verhaltenskodizes

AT&T,
http://www.att.com/Common/about_us/downloads/att_code_of_business_conduct.pdf,
zuletzt besucht: 30.11.2012.

Chevron, http://www.chevron.com/documents/pdf/chevronbusinessconductethicscode.pdf,
zuletzt besucht: 30.11.2012.

Cisco,
http://investor.cisco.com/common/download/download.cfm?companyid=CSCO&fileid=
563236&filekey=f8c558b8-11dd-4f32-89cd-
7b9da77895d1&filename=Cisco_Code_of_Business_ Conduct_FY12.pdf, zuletzt besucht:
30.11.2012.

Conoco Phillips,
http://www.conocophillips.com/EN/susdev/ethics/ethics/Pages/index.aspx, zuletzt besucht:
30.11.2012.

Exxon Mobil, http://www.exxonmobil.com/Corporate/Files/Corporate/sbc.pdf, zuletzt
besucht: 30.11.2012.

Gazprom (russische Version), http://www.gazprom.ru/f/posts/60/091228/2012-07-30-
codex-of-corporate-ethics.pdf, zuletzt besucht: 30.11.2012.

Lukoil (englische Version), http://rostovenergo.lukoil.ru/main/static.asp?art_id=3006, zuletzt besucht: 30.11.2012.

Lukoil (russische Version), http://www.ritek.ru/sites/default/ files/kodeks_delovoy_etiki_oao_nk_lukoyl.pdf, zuletzt besucht: 30.11.2012.

Magnitogorsk Iron and Steel Works (englische Version), http://eng.mmk.ru/upload/iblock/717/Code1.pdf, zuletzt besucht: 30.11.2012.

Magnitogorsk Iron and Steel Works (russische Version), http://www.mmk.ru/upload/iblock/3d7/Code.pdf, zuletzt besucht: 30.11.2012.

Mechel (englische Version), http://www.mechel.com/media/for_investors/corp_management/code_of_ethics.pdf, zuletzt besucht: 30.11.2012.

Mechel (russische Version), http://www.mechel.ru/media/for_investors/corp_management/%D0%9F%D0%BE%D0% BB%D0%BE%D0%B6%20.%20%D0%BE%20%D0%BD%D0%BE%D1%80%D0%BC %D0%B0%D1%85%20%D0%B4%D0%B5%D0%BB%D0%BE%D0%B2%D0%BE%D0 %B3%D0%BE%20%20%D0%BF%D0%BE%D0%B2%D0%B5%D0%B4.%2014.10.200 4.pdf, zuletzt besucht: 30.11.2012.

MTS (englische Version), http://www.rustocks.com/put.phtml/mtss_approved_121511.pdf, zuletzt besucht: 30.11.2012.

MTS (russische Version), http://static.mts.ru/uploadmsk/contents/1656/MTS_Code_of_Ethics-rus.pdf, zuletzt besucht: 30.11.2012.

Rosneft (englische Version), http://www.rosneft.com/attach/0/02/76/Kodeks_eng.pdf, zuletzt besucht: 30.11.2012.

Rosneft (russische Version), http://www.rosneft.ru/attach/0/02/76/Kodeks_rus.pdf, zuletzt besucht: 30.11.2012.

Rostelecom (englische Version), http://www.rostelecom.ru/en/ir/corporate_governance/docs/ The_Code_of_Ethics_en.pdf, zuletzt besucht: 30.11.2012.

Rostelecom (russische Version), http://www.rostelecom.ru/ir/corporate_governance/docs/The_ Code_of_Ethics_Rostelecom_ru.pdf, zuletzt besucht: 30.11.2012.

Sistema (englische Version), http://www.sistema.com/media/328030/code_of_ethics.pdf, zuletzt besucht: 30.11.2012.

Sistema (russische Version),
http://www.sistema.ru/media/6385/%D0%9A%D0%BE%D0%B4%
D0%B5%D0%BA%D1%81%20%D0%BA%D0%BE%D1%80%D0%BF%D0%BE%D1
%80%D0%B0%D1%82%D0%B8%D0%B2%D0%BD%D0%BE%D0%B3%D0%BE%20
%D0%BF%D0%BE%D0%B2%D0%B5%D0%B4%D0%B5%D0%BD%D0%B8%D1%8
F.pdf, zuletzt besucht: 30.11.2012.

TNK-BP (englische Version), http://www.tnk-
bp.ru/upload/iblock/8a4/code_of_business_ethics_ eng.pdf, zuletzt besucht: 30.11.2012.

TNK-BP (russische Version), http://www.tnk-
bp.ru/upload/iblock/8a4/code_of_business_ethics_ rus.pdf, zuletzt besucht: 30.11.2012.

Verizon, https://www22.verizon.com/about/careers/codeofconduct.html, zuletzt besucht:
30.11.2012.

Anhang

A 1. 1. Allgemeiner Inhalt der Kodizes 1/2

Auswertungseinheit: Einzelne Abschnitte des Verhaltenskodex

Kategorie	Definition	Kodierregeln
1.1. Brief des CEO	- Persönliche Ansprache der Mitarbeiter durch ein Mitglied des Vorstands	Diese Kategorie wird kodiert, wenn die jeweilige Subkategorie im Dokument als eigener Gliederungspunkt *vorhanden* ist. Die kodiert wird demnach eine Sinneinheit, d.h. eine Textpassage, in der zum selben Gegenstand etwas ausgesagt wird. Die inhaltlichen Punkte müssen ein oder mehrere Elemente aus der Definition enthalten. Eine eigene Überschrift ist nicht nötig. Werden dagegen mehrere Subkategorien in einem Satz aufgezählt, wird die Kategorie kodiert, zu der umfangreichere und spezifischere Aussagen gemacht werden. Ein Ankerbeispiel ist hier nicht erforderlich, da die Kodierung auf einer textlichen Metaebene stattfindet.
1.2. Einführung	- Definition und Zielsetzung des Kodex - Beschreibung des Geltungsbereichs	
1.3. Mission u. Werte	- Aufführung der Unternehmenswerte - Aufführung ethischer Werte des Unternehmens	
1.4. Bekenntnis zu Gesetzen	- Regel, dass alle lokalen Gesetze ohne Ausnahme befolgt werden müssen	
1.5. Fairer Wettbewerb	- Verbot von unlauteren Wettbewerb, Kartellbildung und Preisabsprachen - Fairer Umgang mit Wettbewerber - Legale Beschaffung von Informationen über Wettbewerber	
1.6. Interessenkonflikte	- Definition von „Interessenkonflikt" - Verbot, gegen Firmeninteressen zu handeln - Verbot, in Gremien von Konkurrenten, Zulieferern u. Kunden mitzuwirken	
1.7. Vergabe und Annahme von Geschenken	- Regulierung der Annahme u. Vergabe von Geschenken u. Veranstaltungseinladungen - Bekenntnis, dass ein Geschenk keine geschäftliche Verpflichtung auslöst - Bestimmung eines maximalen Geschenkwertes u. Meldepflichten bei Geschenken	
1.8. Firmeneigentum	- Ordnungsgemäßer und gewissenhafter Umgang mit Firmeneigentum - Verbot von privater Nutzung des Firmeneigentum inkl. Telefon- u. Internetnutzung - Meldung von Diebstählen u. Überwachung der Kommunikation	
1.9. Vertrauliche Informationen	- Schutz der Privatsphäre von Mitarbeitern u. Kunden - Gewissenhafter Umgang mit vertraulichen Informationen u. Firmengeheimnissen - Anweisungen zur Aufbewahrung von Schriftverkehr u. Emails - Schutz geistigen Eigentums u. Copyright	

A 1. 1. Allgemeiner Inhalt der Kodizes 2/2

Auswertungseinheit: Einzelne Abschnitte des Verhaltenskodex

Kategorie	Definition	Kodierregeln
1.10. Buchführung u. Veröffentlichung von Geschäftszahlen	- komplette, nachvollziehbare u. fristgerechte Veröffentlichung von Geschäftszahlen - gewissenhafte u. ehrliche Buchführung nach allgemein akzeptierten Buchführungsstandards u. Gesetzen - keine „frisierten" Zahlen u. Ergebnisse	Diese Kategorie wird kodiert, wenn die jeweilige Subkategorie im Dokument als eigener Gliederungspunkt *vorhanden* ist. Die kodiert wird demnach eine Sinneinheit, d.h. eine Textpassage, in der zum selben Gegenstand etwas ausgesagt wird. Die inhaltlichen Punkte müssen ein oder mehrere Elemente aus der Definition enthalten. Eine eigene Überschrift ist nicht nötig. Werden dagegen mehrere Subkategorien in einem Satz aufgezählt, wird die Kategorie kodiert, zu der umfangreichere und spezifischere Aussagen gemacht werden. Ein Ankerbeispiel ist hier nicht erforderlich, da die Kodierung auf einer textlichen Metaebene stattfindet.
1.11. Insider Handel	- Definition u. Verbot von Insiderhandel - Verbot Externen Tipps zu geben	
1.12. Verbot von Korruption u. Betrug	- Bezugnahme auf Antikorruptionsgesetzgebung, z.B. Foreign Corrupt Practices Act	
1.13. Gesundheit und Sicherheit	- Bekenntnis zu sicheren Arbeitsbedingungen u. Einhaltung des Arbeitsschutzes - Produktsicherheit - Waffen u. Gewalt am Arbeitsplatz	
1.14. Umgang der Mitarbeiter untereinander	- Verbot von Diskriminierung u. Bekenntnis zu Vielfalt - Verbot von Alkohol, Drogen u. Waffen am Arbeitsplatz - Kleidungsvorschriften - Verhalten außerhalb des Arbeitsplatzes	
1.15. Meldung von Verstößen gegen den Kodex	- Appell an Mitarbeiter Verstöße zu melden - Aufzählung von Instrumenten zur Meldung von Verstößen - Sanktions- u. Straffreiheit für rechtmäßige Informanten	
1.16. Sonstige Bestandteile	- z.B. Regeln zur Zusammenarbeit mit staatlichen Behörden, Umweltpolitik, Bekenntnis zu Menschenrechten	

A 2. Spielräume für situative Entscheidungen bzw. Detailliertheit der Regelungen

Auswertungseinheit: Regeln 1.5-1.14 gemäß dem allgemeinen Inhalt des Kodex

Kategorie	Definition	Ankerbeispiel	Kodierregeln
2.1. Umfangreiche u. konkrete Regelung	Eine konkrete Regelung gibt Ziele vor, erläutert deren Anwendungsbereiche und legt fest, wie die Ziele zu erreichen sind. Dazu kann sie sich Beispielen und Q&A bedienen. Es werden konkrete Handlungsanweisungen gegeben und Konsequenzen genannt. Es kann auch auf interne Dokumente oder andere Abteilungen verwiesen werden. Umfangreiche Regelungen implizieren einen textlichen Umfang, von mindestens einem Absatz und beinhalten mehrere in A1. genannte Unterpunkte.	Bsp. zu Regel 1.14:\n\n"[…] Q: I am being teased by another employee and I consider it harassment of a sexual nature. What should I do? A: Notify the offending individual that the conduct is not welcome and that if continued it will be reported. You should report complaints to your immediate supervisor, or to any supervisor, manager or human resources representative with whom you feel comfortable. If that is not feasible, call the Ethics Helpline. Your call is confidential and you may remain anonymous. […]" (Conoco Philipps, 3f).	Sofern die Aspekte der Definition zutreffen, wird diese Kategorie 2.1. kodiert. Andernfalls handelt es sich um Kategorie „2.2. vage u. allgemeine Regelung".
2.2. Vage u. allgemeine Regelung	Eine vage und allgemeine Reglung ist vergleichsweise kürzer und macht keine Ausführungen bzw. Spezifikationen in welchen Situationen die Regel zur Anwendung kommt. Es handelt sich um ein Bekenntnis zu einem allgemeinen Konzept oder Gesetz, ohne Angaben darüber zu machen, durch welches konkrete Verhalten der Mitarbeiter das Ziel erreichen kann.	Bsp. zu Regel 1.14:\n\n"All employees are responsible for creating and maintaining a work environment free from harassment or other inappropriate behavior. Workplace harassment, violence, or the threat of violence, will not be tolerated." (MTS, 7)	

A 3. Geltungsbereich und Reichweite

Auswertungseinheit: Gesamter Inhalt des Verhaltenskodex

Kategorie	Definition	Ankerbeispiel	Kodierregeln
3.1. Unbegrenzte Reichweite	Der Kodex gilt explizit für alle Mitarbeiter des Unternehmens ohne Einschränkungen – inklusive Vorstand und Führungskräfte.	"The Code of Business Conduct applies to all Cisco employees, subsidiaries, and members of our Board of Directors." (Cisco, 6).	Im gesamten Inhalt, insbesondere im allgemeinen Teil, der Einführung und den Schlussbestimmungen, werden Formulierungen gesucht, die den Geltungsbereich nach den genannten Definitionen beschreiben.
3.2. Begrenzte Reichweite	Der Geltungsbereich wird differenziert. Es gibt Regelungen, die nur für eine Gruppe von Mitarbeitern gelten, während andere davon ausgeschlossen werden.	"This Code sets forth policies and practices applicable to all Verizon employees, except employees of Verizon Wireless, which has its own Code which applies to its employees." (Verizon, 3).	
3.3. Keine Angabe	Es finden sich keine expliziten Angaben zur Reichweite im Kodex.		

A 4. Art der Kontrollmechanismen

Auswertungseinheit: Gesamter Inhalt des Verhaltenskodex, insbesondere Regel 1.15 gemäß dem allgemeinen Inhalt des Kodex

Kategorie	Definition	Ankerbeispiel	Kodierregeln
4.1. Kontrolle durch MA-Selbstkontrolle	Es gibt einen Appell an die Mitarbeiter, Fehlverhalten von Kollegen zu melden.	"[…] if you see or suspect that an employee or contractor is acting in an unlawful or unethical manner, report it immediately" (AT&T, 1).	Sobald im Kodex von *Kontrolle* oder *Berichterstattung von Verstößen* die Rede ist, wird hier die Aussage einer der hier aufgeführten Kategorien zugeordnet und entsprechend kodiert. Auch einzelne Regeln können Kontrollankündigungen enthalten. Sollte der gesamte Kodex keine Informationen über seine Kontrolle enthalten, wird 4.4. kodiert.
4.1.1. dabei die Möglichkeit zur Anonymitätswahrung	Dem Mitarbeiter werden ausdrücklich Möglichkeiten gegeben, bei der Meldung von ethischen Missständen anonym zu bleiben.	"Employees wishing to make complaints without identifying themselves may do so by telephoning 1-800-963-9966 […]" (Exxon, 24).	
4.1.2. dabei Verbot von Sanktionen	Das Unternehmen verpflichtet sich, Mitarbeiter zu schützen, die mit besten Absichten das Fehlverhalten von anderen anzeigen.	"The company does not permit retaliation of any kind against employees for good faith reports of ethical violations." (Conoco Philipps, 22).	
4.2. Weitere interne Kontrollinstrumente	Das Unternehmen kündigt an, die Einhaltung der Regeln des Verhaltenskodex durch zusätzliche interne Kontrollen zu prüfen, z.B. durch Alkoholtests und Wirtschaftsprüfung.	„Where allowed by law, the Company may conduct searches and test for drug and alcohol use if necessary." (Chevron, 7).	
4.3. Externe Kontrolle durch Stakeholder	Externe Stakeholder werden dazu ermutigt, Fehlverhalten von Mitarbeitern des Unternehmens zu melden.	"The Ethics Office is available to all employees, customers, partners, shareholders and other stakeholders who wish to raise concerns." (Cisco, 8).	
4.4. Kein Kontrollinstrument genannt	Es werden im gesamten Kodex keine Kontrollinstrumente genannt.		

A 5. Aussagen zur gesamtgesellschaftlichen Wohlfahrt

Auswertungseinheit: Einzelne Abschnitte des Kodex

Kategorie	Definition	Ankerbeispiel	Kodierregeln
5. Allgemeine Verpflichtung gegenüber der Gesellschaft	Diese Kategorie wird kodiert, wenn die Verpflichtung des Unternehmens gegenüber der Gesellschaft bzw. die soziale Verantwortung in einer Sinneinheit des Kodex explizit *angesprochen* wird. Um kodiert zu werden, darf sich die Verpflichtung nicht nur an die Mitarbeiter des Unternehmens oder allgemein an alle Stakeholder richten.	"We are good corporate citizens and share our success with the community to make the world in which we work better than it was yesterday." (Verizon, II).	Es wird anhand der Definition kodiert. Kommt es zu einer Aufzählung mehrere Kategorien innerhalb eines Sinnabschnitts, wird die Kategorie kodiert, auf der das Hauptaugenmerk der Aussage liegt. Wenn bspw. neben weiteren Aspekten Gesundheitsschutz im Rahmen von sozialen Förderprogrammen *aufgezählt* wird, muss Kategorie 5.3 kodiert werden.
5.1. zum Schutz der Menschenrechte	Verpflichtet sich das Unternehmen, in einem eigenen Sinnabschnitt einen Beitrag zum Schutz der Menschenrechte zu leisten?	"We regularly evaluate and address human rights issues within our business operations and in the communities in which we operate." (Cisco, 33).	
5.2. zum Schutz von Umwelt u. Gesundheit (Sicherheit)	Verpflichtet sich das Unternehmen in seinem Einzugsgebiet die Umwelt zu schützen, Ressourcen zu schonen und gesellschaftliche Sicherheit und Gesundheit zu fördern? Hierbei geht es nicht nur um interne Aspekte.	"We are committed to working in a way that places the highest priority not only on our own safety and health but also on the safety and health of our co-workers and members of the community." (Chevron, 19).	
5.3. zur Unterstützung diverser sozialer Programme	Verpflichtet sich das Unternehmen zur Durchführung oder Förderung von sozialen Aktivitäten, Initiativen und Programmen?	"We strengthen our communities by providing good jobs, donating our time and talents, supporting underserved populations and promoting education programs that create economic opportunity." (AT&T, 7).	

Ergebnisse der Kodierung im Detail

A 1 und A 2 - Vergleich der Inhalte und der Detailliertheit 1/3

US-amerikanische Unternehmen / A 1. Allgemeiner Inhalt der Kodizes	AT&T A 1. Vorhanden u. Fundstelle	A 2. Detail	Chevron A 1. Vorhanden u. Fundstelle	A 2. Detail	CISCO A 1. Vorhanden u. Fundstelle	A 2. Detail	ConocoPhillips A 1. Vorhanden u. Fundstelle	A 2. Detail	Exxon Mobil A 1. Vorhanden u. Fundstelle	A 2. Detail	Verizon A 1. Vorhanden u. Fundstelle	A 2. Detail
1.1. Brief vom CEO	x		x		x		x		x		x	
1.2. Einführung	x		x		x		x		x		x	
1.3. Mission u. Werte	O		x		O		O		O		x	
1.4. Bekenntnis zu Gesetzen	x		x		x		x		x		x	
1.5. Fairer Wettbewerb	x We support fair competition and comply with the antitrust laws. (S.9)	2.1.	x Antitrust/Competition Laws; Agreements and Contacts With Competitors; Q&A (S.21)	2.1.	x Market Competition and Doing Business Ethically; Q&A (S.26f)	2.1.	x Fair Competition (S.11); Competitive Intelligence (S.12)	2.1.	x Antitrust Policy (S.11)	2.2.	x Violation of Antitrust Laws; Competitive Intelligence (S.23-25)	2.1.
1.6. Interessenkonflikte	x We avoid and resolve conflicts of interest. (S.4)	2.2.	x Avoiding Conflicts of Interest; We expect each other to act in the best interests of the Company; Q&A (S.13); Avoid Accepting or Giving Gifts, Fees, Favors or Other Advantages (S.12)	2.2.	x Avoid Conflicts of Interest; The five most common situations that can lead to a Conflict of interest; Q&A (S.14f); Understand our Gifts and Entertainment Policies; How do I distinguish between the different types of gifts?; Commercial	2.1.	x Conflicts of Interest (S.9); Outside Work by Employees (S.7); Giving and Receiving Gifts, Favors and Entertainment; Commissions, Rebates, Discounts, Credits and	2.1.	x Conflicts of Interest Policy (S.4); Directorships Policy (S.6)	2.2.	x Avoiding Conflicts of Interest; Personal Conflicts of Interest; Employment Outside Verizon; Activities Outside Verizon; Political Conflicts of Interest (S.8f)	2.1.
1.7. Vergabe und Annahme von Geschenken	x Unterpunkt von Conflict of Interests (S.4)	2.2.	x Providing Gifts to Public Officials (S.17)	2.2.	x	2.1.	x	2.1.	x Gifts and Entertainment Policy (S.7)	2.2.	x When entertainment/gifts are appropriate; prohibited exchanges; returning gifts; gifts outside the workplace; gifts involving	2.1.
1.8. Firmeneigentum (private Telefonate u. Computernutzung)	x We protect the Company's physical assets and intellectual property (S.4); We use electronic communications responsibly (S.5)	2.2.	x Using Email and the Internet; Unterpunkt von "Company Records and Internal Controls" (S.26)	2.2.	x Use Resources Responsibly; Approved and Prohibited Use; Q&A (S.12f)	2.2.	x Protection and Use of Company Assets; Electronic Communications Systems (S.15f)	2.1.	x Corporate Assets Policy (S.5)	2.1.	x Monitoring on the Job; Proper Use of Verizons Property; Worktime; Company Funds (S.14)	2.1.
1.9. Vertraulichen Informationen (Verschiegenheit, Passwörter u. Datenschutz)	x We protect the Company's physical assets and intellectual property (S.4); We protect the information about our customers (S.6)	2.2.	x Protection of Information and Intellectual Property; Proper Access and Use; Handling Sensitive or Proprietary Information; Retrieving Information for Litigation Purposes; Using Computer Systems and Other Technical Resources; Data Privacy; Q&A (S.26ff)	2.2.	x Protect What is Ours (S.21ff); Personal Data Privacy; Copyrights; Non-Disclosure Agreement (S.28)	2.1.	x Protection of Information Resources (S.15); Records Management (S.16); Intellectual Property (S.17); Espionage and Sabotage (S.20)	2.1.	x Corporate Assets Policy (S.5)	2.1.	x Employee Privacy (S.7); Use of Recording Devices; Safeguarding Company Information; Protecting Non-Public Company Information; Protecting Company Communication and Information Systems (S.13); Intellectual Property (S.16)	2.2.
1.10. Regeln zur Buchführung u. Veröffentlichung von Geschäftszahlen	x We manage the Company's records and information appropriately (S.4); We maintain integrity in our financial reporting and business records (S.8)	2.2.	x Company Records and Internal Controls; Q&A (S.10)	2.2.	x I Am Accurate and Ethical with Our Finances; Q&A (S.30f)	2.1.	x Financial Reporting Integrity (S.18); FCPA (S.19), Q&A (S.13)	2.1.	x Ethics Policy (S.3)	2.1.	x Preparing, Disclosing and Maintaining Accurate Records (S.12); FCPA	2.1.
1.11. Regeln zu Insider Handel	x We do not engage in insider trading (S.8)	2.1.	x Insider Trading is Prohibited; Q&A (S.18)	2.1.	x Insider Trading and Corporate Confidentiality; Q&A (S.26f)	2.1.	x Insider Trading Laws (S.13)	2.1.	O Insider Trading and Financial Interests (S.10)	2.1.	x Insider Trading and Financial Interests (S.10)	2.1.
1.12. Verbot von Korruption und Betrug	x We do not make improper payments (S.9)	2.2.	x Antibribery, International Trade and Anticorruption Laws; Q&A; FCPA (S.19)	2.2.	x Global Anti-Corruption and Bribery; Q&A (S.27, 29)	2.1.	x Bribes and Kickbacks (S.10); Facilitating Payments and the FCPA (S.19)	2.2.	x Anti-Corruption Policy (S.8)	2.2.	x Bribes, Kickbacks, Loans (S.22)	2.2.
1.13. Regeln zu Gesundheit und Sicherheit am Arbeitsplatz	x We create a safe and secure place to work (S.3)	2.2.	x Safety, Health, Environment, Reliability and Efficiency; Q&A (S.19)	2.1.	x We are committed to providing a safe and nonthreatening workplace (S.11)	2.2.	x Safety and Health; Q&A (S.4)	2.1.	x Safety Policy; Product Safety Policy (S.14f); Health Policy (S.12)	2.1.	x Workplace Safety and Environment (S.5)	2.1.
1.14. Regeln zum Umgang der Mitarbeiter untereinander: Beleidigung, Drogen etc.	x We treat each other with respect and do not permit intimidation, discrimination or harassment in the workplace; We support a work environment that is inclusive and diverse (S.3)	2.2.	x We Respect Diversity; We Provide Equal Opportunity, Employee Compensation and Tenure; Controlled Substances and Drugs; Alcohol; Preventing Workplace Violence and Harassment; Q&A (S.6ff)	2.2.	x Respect Others; You are free to do your job without fear of harassment or bullying; We do not discriminate; strict drug and alcohol policy; individuals with disabilities; Q&A (S.10ff)	2.1.	x Equal Opportunity, Harassment-Free Workplace, Substance Abuse (S.3ff).	2.1.	x Alcohol and Drug Use Policy; Equal Employment Policy; Harassment in the Workplace Policy (jeweils mit Modifikation für USA) (S.17-22)	2.1.	x Diversity and Equal Opportunity; Discrimination and Harassment; Workplace Violence; Substance Abuse; Alcohol; Gambling; Misconduct off the Job (S.4-7)	2.1.
1.15. 1.15. Meldung von Verstößen gegen den Kodex	x Our Commitment to the Code (S.10)		x About our Business Conduct and Ethics Code; Each of us has a responsibility to speak up. (S.3)		x What's the best way to ask or report a concern?; Ask or Report (S.8); Resources (S.37)		x Compliance Standards and Procedures (S.21)		x Procedures & Open Door Communication (S.23f)		x Sources of help; Where to report to; speak up	
1.16. weitere Bestandteile	Commitment an Stakeholder		Menschenrechte; Government Affairs and Political Involvement; Umweltschutz als Teil der Arbeitssicherheit		Menschenrechte; Commitment zur Integrität; CSR; Verweis auf die jeweilige Firmenpolitik in Extradokumenten; Glossar		Commitment an Stakeholder, Verträge mit dem Staat, Umweltpolitik		Commitment an Stakeholder statt Mission, politische Aktivitäten des Unternehmens, Umweltpolitik		externe Kommunikation; Verträge mit dem Staat; Lobbying	

Ergebnisse der Kodierung im Detail

A 1 und A 2 - Vergleich der Inhalte und der Detailliertheit 2/3

Russische Unternehmen / A 1. Allgemeiner Inhalt der Kodizes	GAZPROM A 1. Vorhanden u. Fundstelle	A 2. Detailliertheit?	LUKOIL A 1. Vorhanden u. Fundstelle	A 2. Detailliertheit?	Magnitogorsk MMK A 1. Vorhanden u. Fundstelle	A 2. Detailliertheit?	Mechel A 1. Vorhanden u. Fundstelle	A 2. Detailliertheit?	MTS A 1. Vorhanden u. Fundstelle	A 2. Detailliertheit?
1.1. Brief vom CEO	o		x		o		o		o	
1.2. Einführung	x		x		x		o		o	
1.3. Mission u. Werte	x		x		x		x		o	
1.4. Bekenntnis zu Gesetzen	x		x		x		x		x	
1.5. Fairer Wettbewerb	x Beziehung zu Konkurrenten (5.11)	2.2.	o Unterpunkte von "Relations with business partners" (S. 46 u. 49)	2.2.	o	2.2.	x Competition and Fair Dealing (5.3)	2.2.	x Competition and Fair Dealing (5.4); COMPLIANCE WITH APPLICABLE LAWS AND MTS POLICIES AND REGULATIONS (5.7)	2.2.
1.6. Interessenkonflikte	x Interessenkonflikte u. Zusammenarbeit mit Familienangehörigen (5.7f); Beziehung zu Konkurrenten (5.11)	2.1.	x Conflict of interests, Do&Don'ts (5.42 #5)	2.1.	x Conflict of Interests : Specific Cases; Disclosure of Information Regarding Conflict of Interests (5.8-10)	2.1.	x Conflicts of Interest; Disclosure of Conflicts of Interest; Family Members and Work (5.1f)	2.1.	x CONFLICTS OF INTEREST (5.1f)	2.1.
1.7. Vergabe und Annahme von Geschenken	x Geschenke (5.8)	2.1.	x Unterpunkte von "Relations with business partners" (S. 49) und "Conflict of interests" (S. 44)	2.2.	x Gifts and Participation in Entertainment Events (5.5)	2.1.	o	2.1.	x GIFTS AND ENTERTAINMENT (5.2)	2.1.
1.8. Firmeneigentum (private Telefonate u. Computernutzung)	x Verwendung von Vermögenswerten und Ressourcen des Unternehmens (5.8f)	2.1.	x Use Company resources for personal participation in political or public processes (5.23-25); Safekeeping of the Company's assets (S. 50-53)	2.1.	x Use of the Company's Resources (5.7)	2.1.	x PROTECTION AND USE OF COMPANY ASSETS (5.3)	2.1.	x PROTECTION AND USE OF COMPANY ASSETS (5.4)	2.1.
1.9. Vertraulichen Informationen (Verschlagenheit, Passwörter u. Datenschutz)	x Umgang mit Informationen (5.8f)	2.2.	x Teil von Safekeeping of the Company's assets (S. 50-53) u. Personal safety (5.33)	2.2.	x Information and Documents (5.7)	2.2.	x Confidential Information (5.2)	2.2.	x CONFIDENTIAL INFORMATION (5.4)	2.2.
1.10. Regeln zur Buchführung u. Veröffentlichung von Geschäftszahlen	x Umgang mit Sharholdern und Aktionären (5.12)	2.2.	x Investor relations; Do&Don'ts (5.14-17)	2.1.	x Disclosure of Information by the Company (5.8)	2.1.	x PROMPT AND ACCURATE DISCLOSURE (5.3); COMPANY RECORDS (5.4)	2.2.	x PROMPT AND ACCURATE DISCLOSURE (5.5); COMPANY RECORDS (5.6)	2.1.
1.11. Umgang mit Insider Handel	x Umgang mit Informationen (5.9)	2.2.	x Information disclosure and insiders (5.39-41)	2.1.	o	2.1.	o COMPLIANCE WITH APPLICABLE LAWS AND REGULATIONS	2.1.	x INSIDER INFORMATION SECURITIES DEALINGS (5.4)	2.1.
1.12. Verbot von Korruption und Betrug	x Verbot von Korruption (5.13)	2.1.	o	2.1.	x The Company's Attitude to Corruption (5.6)	2.2.	o COMPLIANCE WITH APPLICABLE LAWS AND REGULATIONS	2.1.	x ANTI-CORRUPTION LEGISLATION; "FCPA" (5.6f)	2.1.
1.13. Regeln zu Gesundheit und Sicherheit am Arbeitsplatz	x Beziehung zwischen Unternehmen und Mitarbeiter (5.5)	2.2.	x Occupational and industrial safety, Do&Don'ts (5.26-29); Personal safety, Do&Don'ts (5.30-33)	2.2.	x Industrial and Labour Safety and Environment Protection (5.3)	2.1.	o COMPLIANCE WITH APPLICABLE LAWS AND REGULATIONS	2.1.	x COMPLIANCE WITH APPLICABLE LAWS AND MTS POLICIES AND REGULATIONS, WORK CONDITIONS (5.7)	2.2.
1.14. Regeln zum Umgang der Mitarbeiter untereinander: Belästigung, Drogen etc.	x Beziehung zwischen Unternehmen und Mitarbeiter (5.5); Corporate image (5.14); Persönliches Verhalten (5.15)	2.1.	x Employee relations; Do&Don'ts (5.18-21)	2.1.	x The Company's Corporate Culture (5.4f)	2.2.	o	2.2.	x WORK CONDITIONS (5.7)	2.2.
1.15. Meldung von Verstößen gegen den Kodex	x Mechanismen des Kodex, Verantwortungsbereich (5.14ff)		x Compliance with the Code of Business Conduct and Ethics and liability for its violation (5.54)		x Practical Application of the Code (5.11)		x VIOLATIONS OF THE CODE (5.4)		x VIOLATIONS OF THE CODE (5.7)	
1.16. weitere Bestandteile	Werte die einen guten Mitarbeiter ausmachen (5.5f); Umweltschutz (5.6)		Regeln für MA zum Umgang mit Sharholders, Investoren, Staatlichen Institutionen, Business Partners, Personal Safety, Umweltschutz, "employee dynasties"		The Company's Social Values and Responsibility (5.3); Dress Code; Observance of Employees' Labour Rights, "employee dynasties"		Corporate Opportunities (5.2)		Corporate Opportunities (5.3); Conclusion	

Ergebnisse der Kodierung im Detail

A 1 und A 2 – Vergleich der Inhalte und der Detailliertheit 3/3

Russische Unternehmen / A 1. Allgemeiner Inhalt der Kodizes	ROSNEFT A.1 Vorhanden u. Fundstelle	A.2 Detailliertheit?	ROSTELKOM A.1 Vorhanden u. Fundstelle	A.2 Detailliertheit?	SISTEMA A.1 Vorhanden u. Fundstelle	A.2 Detailliertheit?	TNK BP A.1 Vorhanden u. Fundstelle	A.2 Detailliertheit?
1.1. Brief vom CEO	o		o		x		o	
1.2. Einführung	x		x		o		o	
1.3. Mission u. Werte	x		x		x		o	
1.4. Bekenntnis zu Gesetzen	x		x		x		x	
1.5. Fairer Wettbewerb	x Competition (S.15)	2.2.	o		x Fair competition (S.5)	2.2.	x Fair Competition	2.2.
1.6. Interessenkonflikte	x Conflict of interest (S.12)	2.1.	x CONFLICTS OF INTEREST (S.3): PART-TIME EMPLOYMENT (S.4)	2.2.	x Conflicts of interest (S.8)	2.1.	x Managing Conflict of Interest (S.6)	2.2.
1.7. Vergabe und Annahme von Geschenken	x Gifts or other benefits (S.13)	2.1.	x CORPORATE OPPORTUNITIES (S.4)	2.2.	x Entertainment expenses and business gifts (S.9f)	2.2.	x Business Gifts, Entertainment and Hosting (S.6f)	2.2.
1.8. Firmeneigentum (private Telefonie u. Computernutzung)	x Protection of Company property and resources (S.10)	2.2.	x PROTECTION AND USE OF COMPANY'S ASSETS (S.5)	2.2.	x Use of Sistema's assets (S.8)	2.2.	x Safeguarding Company Assets and Financial Integrity (S.9)	2.2.
1.9. Vertrauliche Informationen (Verschwiegenheit, Passwörter u. Datenschutz)	x Confidentiality (S.11)	2.2.	x CONFIDENTIAL INFORMATION (S.3)	2.2.	x Protection of confidential information	2.2.	x Intellectual Property, Confidentiality (S.9)	2.2.
1.10. Regeln zur Buchführung u. Veröffentlichung von Geschäftszahlen	x Maintaining financial reporting and managerial accounting (S.13)	2.2.	x DISCLOSURE OF INFORMATION (S.5f)	2.2.	x Timely and accurate disclosure of information (S.6); Bookkeeping (S.8f); Control and audit (S.9)	2.1.	x Internal Control and Audit System (S.9)	2.1.
1.11. Regeln zu Insider Handel			x INSIDER TRADING		x Unacceptability of insider deals (S.6)	2.2.	x Insider Trading (S.9)	2.2.
1.12. Verbot von Korruption und Betrug	o		o		x Preventing corruption (S.5); Checks on contractors (S.9)	2.1.	x Countering Bribery, Corruption and Facilitation Payments (S.6)	2.2.
1.13. Regeln zu Gesundheit und Sicherheit am Arbeitsplatz	x Additional regulations for managers and officials of the Company (S.9); Labor protection, accident prevention and environmental safety (S.11)	2.2.	o		x Relations with Employees (S.7)	2.2.	o	
1.14. Regeln zum Umgang der Mitarbeiter untereinander: Belästigung, Drogen etc.	x General rules for interaction in the Company (S.9)	2.2.	x FAIR DEALING (S.5)	2.2.	x Relations with Employees (S.7); RESPONSIBILITY FOR NON-FULFILMENT (IMPROPER FULFILMENT) OF THE CODE OF ETHICS (S.10)	2.2.	x Promoting Integrity in the Work Place (S.10)	2.2.
1.15. Meldung von Verstößen gegen den Kodex	x		x COMPLIANCE WITH THE CODE OF ETHICS (S.6)					
1.16. weitere Bestandteile	APPLICATION OF THE CODE (S.16ff)		Company Ethical Principles (S.6); Relations between the Company and External Interested (Related) Parties (S.14)	BASIC ETHICAL PRINCIPLES (S.2); Corporate Opportunities (S.4); Umweltschutz (S.5)	SISTEMA'S KEY ETHICAL PRINCIPLES AND VALUES (S.4), Relations with the government and its agencies (S.6); Shareholder Relations (S.9); whistleblowing system		Key Principles of Company Approach to Managing Business Ethics (S.5); State Government Authorities and Communities (S.7), Glossar	

73

Ergenisse der Kodierung im Detail

A 3. Geltungsbereich

US-amerikanische Verhaltenskodizes

AT&T

"[...] if you see or suspect that an **employee** or **contractor** is acting in an unlawful or unethical manner, report it immediately" (S.1)

"I expect **all employees, at every level and position, to share this commitment** to the Code." (S.1)

"This Code applies to **all employees of AT&T around the world**." (S.9)

Chevron

"**Each of us — employees, officers and members of the Board of Directors** alike — must commit to understanding this Code and abiding by its principles." (S.1)

Cisco

"The Code of Business Conduct applies to **all Cisco employees, subsidiaries, and members of our Board of Directors**." (S.6)

"We also seek to do business with **suppliers, customers, and resellers who adhere to similar ethical standards**." (S.6)

"**Employees with certain roles** and responsibilities must also complete additional certifications and training: Work with Government Officials in the U.S. – Read and acknowledge Cisco's **U.S. Public Sector Ethics Code**; Work with U.S. Schools or Libraries – Read and acknowledge Cisco's E-Rate Program Guidelines; Work in the Finance Department – Review and accept the **Cisco Financial Officer Code of Ethics**" (S.7)

Conoco Philipps

"Our Code applies to **all of us at ConocoPhillips—employees, officers and directors alike**—and should serve as a guide for making ethical business decisions." (S.1)

"We also expect **contractors and other individuals who work on our behalf** to be guided by these standards." (S.1)

Exxon Mobile

"The directors, officers, and employees of Exxon Mobil Corporation are expected to review these foundation policies periodically and apply them to all of their work." (S.1)

Verizon

"This Code sets forth policies and practices applicable to **all Verizon employees, except employees of Verizon Wireless**, which has its own Code which applies to its employees." (S.3)

Russische Verhaltenskodizes

Gazprom

"Кодекс распространяется на работников Общества" (S.2)

"Общество стремится работать с контрагентами, которые имеют безупречную репутацию, соблюдают законодательство, а также общепринятые нормы корпоративной и деловой этики." S.11

Lukoil

"[...] this Code of Business Conduct and Ethics – a body of standards and rules for the individual and collective behaviour **of all LUKOIL employees without exception**." (S.2)

"I am confident that **all LUKOIL employees, regardless of their profession, position, or place of work**, will adhere to and abide by the provisions of the Code of Business Conduct and Ethics." (S.3)

"Adherence to these standards of business ethics is **mandatory for members of the Board of Directors, the Management Committee, and the Internal Audit Commission of OAO "LUKOIL", and also for all Company employees**." (S.5)

MMK

"The Code of Business Ethics [...] organizes into a system the application rules of the Company employees' behavior standards **regardless of their specialty, qualification or job title**, for the purpose of securing the Company's reputation in the sphere of entrepreneurial or other business activities." (S.2)

Mechel

"This Code applies to all our directors, officers and employees. We refer to all persons covered by this Code as **"Company employees"** or simply "employees." We refer to our general director, executive director, senior vice presidents, vice presidents, chief accountant, and any other persons who perform similar functions for the Company as our **"senior officers.""** (S.1)

MTS

"The Code applies to **directors, officers and other employees** of MTS." (S.1)

"**All employees** are required to adhere to these standards." (S.8)

ROSNEFT

"The Code is an intra-corporate (local) document binding on all managers, officials and employees in the Company." (S.1)

"Strict observance of this Code is mandatory for **all employees of the Company, irrespective of their status and job position**." (S.16)

ROSTELECOM

"In addition to the above mentioned Regulations, OJSC Rostelecom has approved and adopted a Code of Ethics **for members of the Board of Directors and Audit Commission, Officers and Employees of the Company** [...], which must be obeyed by all members of the Board of Directors and Audit Commission, Officers and Employees (collectively, "Covered Persons").." (S.1)

SISTEMA

"[...] To make sure that members of the **Board of directors, the President, members of the Management board and employees, irrespective of their positions**, (hereinafter – "Employees") know and adhere to the principles and requirements of this Code of Ethics;" (S.2)

"It is recommended that the provisions of this Code of Ethics are implemented and **complied with in all the subsidiaries** and affiliates of Sistema (hereinafter - "subsidiaries")." (S.3)

"Sistema and its Employees shall make reasonable efforts and take measures to minimize the risks of business relations with **counterparties that may be involved in corruption**, for which purpose measures based on the "Know Your Counterparty" principle are taken, whereby Sistema [...]" (S.9)

"**Independent of their position in the organization**, Employees bear personal **responsibility for** compliance with the principles and requirements of this Code of Ethics and for the **actions (omissions) of the more junior staff** who report to them, which are contrary to these principles and requirements." (S.10)

TNK-BP

"The Code's requirements established for **employees are also binding on any member of the Company governance bodies**." (S.3)

"The Company expects its **business partners** to accept and comply with principles and rules similar to those set out herein." (S.3)

Ergebnisse der Kodierung im Detail

A 4 Vergleich der Kontrollinstrumente

Russische Unternehmen

Russische Unternehmen A 4. Vergleich der genannten Kontrollinstrumente	GAZPROM A 4. Vorhanden u. Fundstelle	LUKOIL A 4. Vorhanden u. Fundstelle	Magnitogorsk MMK A 4. Vorhanden u. Fundstelle	Mechel A 4. Vorhanden u. Fundstelle	MTS A 4. Vorhanden u. Fundstelle	ROSNEFT A 4. Vorhanden u. Fundstelle	ROSTELEKOM A 4. Vorhanden u. Fundstelle	SISTEMA A 4. Vorhanden u. Fundstelle	TNK BP A 4. Vorhanden u. Fundstelle	Russland
4.1. Kontrolle durch Mitarbeiter-Selbstkontrolle	x S.16	x S.54 "The Company will not consider anonymous reports [...]" S.54	x S.11	x S.4	x S.7	x S.16	x S.2	x S.10	x S.4	9 von 9 100%
4.1.1. dabei ausdrücklich Möglichkeit zur Anonymitätswahrung	o	o	x	o S.5	x "[...] anonymously where permitted by law." S.8	x S.16	x S.6	x S.10	o S.3	6 von 9 67%
4.1.2. Verbot von Sanktionen bei Meldung mit guter Absicht	x S.16	x S.55	x S.11	x S.5	x S.8	o S.16	x S.6	x S.10	o	6 von 9 67%
4.2. Weitere interne Kontrollinstrumente (z.B. Alkoholkontrollen u. Audits)	o	o	jährlicher Wissenstest S.11	Kommunikations-Überwachung S.3	Kommunikations-Überwachung S.5	o	o	x Kontrollverfahren gegen Korruption S.6, interne u. externe Audits von Buchführung, Zahlungsverkehr u. Ausgaben S.9	x interne u. externe Audits von Buchführung, Zahlungsverkehr u. Ausgaben S.9	5 von 9 56%
4.3. Externe Kontrolle durch Stakeholder	o	o	x "[...] the Company's employees or other persons can pass their messages [...]" S.11	o	o	x "Any interested person, not employed by the Company [...]" S.16	x "Any person wishing to make a report [...]" S.6	o	x "The Company encourages third parties [...]" S.3	4 von 9 44%
4.4. Kein Kontrollinstrument genannt	o	o	o	o	o	o	o	o	o	0 von 9 0%

US-Amerikanische Unternehmen

US-Amerikanische Unternehmen A 4. Vergleich der genannten Kontrollinstrumente	AT&T A 4. Vorhanden u. Fundstelle	Chevron A 4. Vorhanden u. Fundstelle	CISCO A 4. Vorhanden u. Fundstelle	ConocoPhillips A 4. Vorhanden u. Fundstelle	Exxon Mobil A 4. Vorhanden u. Fundstelle	Verizon A 4. Vorhanden u. Fundstelle	USA
4.1. Kontrolle durch Mitarbeiter-Selbstkontrolle	x S.1	x S.28	x S.3	x S.1	x S.23	x S.2	6 von 6 100%
4.1.1. dabei ausdrücklich Möglichkeit zur Anonymitätswahrung	o	o	x S.3	x S.22	x S.24	x S.2	4 von 6 67%
4.1.2. Verbot von Sanktionen bei Meldung mit guter Absicht	x S.11	x S.4	x S.8	x S.1	x S.24	x S.2	6 von 6 100%
4.2. Weitere interne Kontrollinstrumente (z.B. Alkoholkontrollen u. Audits)	o	x Drogentests S.7, interne Wirtschaftsprüfung S.10, Kommunikations-Überwachung S.26	x Compliance Zertifikation S.8	x Regelmäßige Sicherheitskontrollen S.4, Interne Audits der Buchführung S.18, Compliance Zertifikation S.21; Kommunikations-Überwachung S.15	x Audits der Buchführung S.3, Drogentests S.18	x Kommunikations-Überwachung S.7, interne und externe Wirtschaftsprüfung S.12	5 von 6 83%
4.3. Externe Kontrolle durch Stakeholder	o	o	x "The Ethics Office is available to all employees, customers, partners, shareholders and other stakeholders [...]" S.8	o	o	o "Because we want our business providers, customers and investors to understand how we do business and what they can expect of us, this Code appears on the Verizon website and is available to the public." S.2	2 von 6 33%
4.4. Kein Kontrollinstrument genannt	o	o	o	o	o	o	0 von 6 0%

Ergenisse der Kodierung im Detail
A 5 Soziale Verpflichtung der Unternehmen

US-amerikanische Unternehmen	AT&T	Chevron	CISCO	ConocoPhillips	Exxon Mobil	Verizon	USA
A 5 Soziale Verpflichtung der Unternehmen	A 4. Vorhanden u. Fundstelle	A 4. Vorhanden u. Fundstelle	A 4. Vorhanden u. Fundstelle	A 4. Vorhanden u. Fundstelle	A 4. Vorhanden u. Fundstelle	A 4. Vorhanden u. Fundstelle	
5. Allgemeine Verpflichtung gegenüber der Gesellschaft	x "Everywhere we do business we try to participate in activities to make our communities better places to live, work and grow." S.7	x "The Trust that we depend upon from both local and global communities and governments is essential to our business, and we must continually earn it." S.17	x S.33	x S.2f	x "We commit to be a good corporate citizen in all the places we operate worldwide." S.2	x "By focusing on our customers and being responsible members of our communities, we will produce a solid return for our shareowners, create meaningful work for ourselves and provide something of lasting value for society." S.1	6 von 6 100%
5.1. zum Schutz der Menschenrechte	x "We seek suppliers who share our commitments to human rights [...]" S.5	x "We engage with communities to build upon our understanding of potential human rights issues in order to enhance the benefits of our projects and operations and manage potential impacts." S.9	x "We regularly evaluate and address human rights issues within our business operations and in the communities in which we operate." S.33	x "We believe in respecting human rights, providing safe and healthy working conditions, and respecting employees' rights to bargain collectively." S.3			4 von 6 67%
5.2. zum Schutz von Umwelt u. Gesundheit (Sicherheit)	x "We strive to minimize our environmental impact in ways that are relevant to our business and important to the communities we serve. We are deeply committed to environmental sustainability. [...]" S.7	x "We are committed to working in a way that places the highest priority not only on our own safety and health but also on the safety and health of our co-workers and members of the community." S.19	x "Cisco leaders encourage all employees to be engaged in their communities and focus on conserving limited environmental resources." S.33	x "We strive to contribute to the overall quality of life wherever we operate and to use resources responsibly to preserve the environment." S.3	x "Above all other objectives, we are dedicated to running safe and environmentally responsible operations." S.2		5 von 6 83%
5.3. zur Unterstützung diverser sozialer Programme	x "We strengthen our communities by providing good jobs, donating our time and talents, supporting underserved populations and promoting education programs that create economic opportunity." S.7	o	x "The company's CSR programs and initiatives use responsible business practices and social investments to create long-term value. Our CSR focus areas include: transforming societies [...]" S.33	x "We want communities to count on us for our help in civic, charitable and other community activities." S.3			3 vn 6 50%
Anmerkungen	We support political involvement.	Sehr ausführlich zu Menschrechten	Erwähnung der CSR-Politik				

Ergenisse der Kodierung im Detail

A 5 Soziale Verpflichtung der Unternehmen

Russische Unternehmen	GAZPROM	LUKOIL	Magnitogorsk MMK	Mechel	MTS	ROSNEFT	ROSTELEKOM	SISTEMA	TNK BP	Russland
A 5 Soziale Verpflichtung der Unternehmen	A 4. Vorhanden u. Fundstelle	A 4. Vorhanden u. Fundstelle	A 4. Vorhanden u. Fundstelle	A 4. Vorhanden u. Fundstelle	A 4. Vorhanden u. Fundstelle	A 4. Vorhanden u. Fundstelle	A 4. Vorhanden u. Fundstelle	A 4. Vorhanden u. Fundstelle	A 4. Vorhanden u. Fundstelle	
5. Allgemeine Verpflichtung gegenüber der Gesellschaft	x — Der Staat und die Gesellschaft nehmen bei den Tätigkeiten der Unternehmens einen besonderen Platz ein.* 5.12	x — "The Company acknowledges its responsibility to all stakeholders in the countries and regions where it operates, pursues a policy of social responsibility on labour issues, employment, and industrial relations [...]." 5.7	"The Company proclaims that ethics and social responsibility principles are part of any business relations." 5.3	o	o	x — "Our activities promote social stability, prosperity and progress wherever we are located. 5.5	o	x — "Our business practices are based on global principles of sustainable development and corporate social responsibility." 5.1	"The Company respects the rights and dignity of local communities and representatives of public organizations in the countries and regions of its operations [...]." 5.7	6 von 9 — 67%
5.1. zum Schutz der Menschenrechte	o	x — "LUKOIL recognises that its reputation depends not only on unswerving compliance with the requirements of Russian and international law and support of human rights – to a significant degree, the Company's reputation and success are based on social responsibility and dedication to moral and ethical norms and rules." 5.8	"The Company regards the employees' labour rights as an inalienable part of human rights in general." 5.4	o	o	o	o	o	x — "We respect cultural traditions, business practice principles, dignity and human rights of local communities in all the regions of Company operations." 5.5	2 von 9 — 22%
5.2. zum Schutz von Umwelt u. Gesundheit (Sicherheit)	x — Das Unternehmen weiß um die Verantwortung gegenüber heutigen und künftigen Generationen, die sich aus den Auswirkungen der Aktivitäten des Unternehmens auf die Umwelt ergibt. In seiner Tätigkeit hat sich das Unternehmen [...] zu der Erhaltung der Umwelt für die zukünftigen Generationen verpflichtet.* 5.6	x — "The Company's high-priority task is to ensure safe working conditions and protecting the health of the personnel and the population in the regions where LUKOIL Group organisations operate." 5.26	Gesundheit und Sicherheit nur in Verbindung mit Mitarbeitern ohne gesellschaftlichen Bezug und innerhalb der aufgeführten sozialen Programme	o	o	x — "The Company promotes development of the regions in which it is located by preserving the environment, professionally managing the issues of health protection and labor safety of the employees, and paying taxes and salaries without delay." 5.6	o	o	o	3 von 9 — 33%
5.3. zur Unterstützung diverser sozialer Programme	x — Das Sponsoring und die Charityaktivitäten des Unternehmens sind auf die Wiederbelebung der geistigen und nationalen Werte gerichtet; insbesondere die Kultur, Wissenschaft und Bildung, die Förderung des wissenschaftlichen und technologischen Fortschritts und die Förderung einer gesunden Lebensweise.* 5.12	o	"The implementation of the Company's social and sponsorship programs, the quality and efficiency of relations with federal and local authorities are all factors instrumental to enhancing the Company's business reputation, its investor attractiveness and competitiveness, and contributing to achieving social peace, security and well-being of citizens, preserving the environment, upholding human rights, and ensuring sustainable development of the Company as a self-reliant and responsible entity." 5.3	o	o	x — "[...] socio-economic cooperation in the regions where the Company is located is maintained in the field of educational institutions, medical centers, sports facilities, cultural centers construction, in infrastructure development and public services and amenities improvement, charity and sponsorship activities are ongoing." 5.14	o	x — "Sistema initiates and implements social projects by providing financial, organizational, intellectual and charitable support of social, cultural, educational, sports, health, environmental and other programs, so that they promote positive changes in the lives of people, improve the social climate, reduce stress and enable new opportunities for the development of society." 5.5	"The Company engages in social investment programs in the regions of its operations to provide support for local communities. At the same time, the risk of corruption associated with this activity is of such an extent that the Company takes additional measures to ensure that donations and social investments are spent as intended." 5.7	5 von 9 — 56%
Anmerkungen	* singemäße Übersetzung aus dem Russischen					Verpflichtung gegenüber dem Staat zu ethischem Verhalten und Vorbildfunktion		bei Entscheidungen wird soziale Verantwortung berücksichtigt		

* singemäße Übersetzung aus dem Russischen

B 1 - Analyse des kulturellen Stils der Verhaltenskodizes im Detail

US-amerikanische Unternehmen	AT&T	Chevron	CISCO	ConocoPhillips	Exxon Mobil	Verizon	Amerikanischer Durchschnitt
extroverbal							
Quelle: Eng. Version	Google-suche	Home > Global Issues > Business Ethics	ABOUT CISCO > Corporate Governance	ConocoPhillips Home > English > Sustainable Development Home > Governance & Ethics > Business Ethics	about us > our guiding principles > a letter from the CEO	Google-suche	
Quelle: Russ.Version							
Übereinstimmung beider Versionen?							
Anzahl der Wörter	3300	9700	11140	9170	6200	13000	9435
Seiten	11	31	39	28	28	41	30
Wörter/Seite	300	313	286	328	221	317	294
Urheberschaft	Geleitwort vom CEO: Letter from Chairman and CEO	Geleitwort vom CEO: A Message From John Watson	Geleitwort vom CEO: Message from John Chambers, Chairman and CEO	Geleitwort vom CEO: Words from the CEO	Geleitwort vom CEO: Introduction by Chairman	Geleitwort vom CEO: A Message to all Employees	Geleitwort vom CEO, sonst kein Urhebervermerk
nichtsprachlich:							
Schriftsatz	Flattersatz	Flattersatz	Flattersatz	Flattersatz	Flattersatz	Flattersatz	immer Flattersatz
Layout	Kapitelüberschrift, 2. Überschrift, Fließtext, (farbiges) Logopapier	2-3 Spalten unterschiedlicher Breite, blaue Infokästen, Deckblatt, Schlussblatt (Broschüre)	2-3 Spalten unterschiedlicher Breite, Symbol-Zeichen, graue Infokästen, Deckblatt, Schlussblatt (Broschüre)	2 Spalten, Q&A-Kästen durchbrechen Layout, Deckblatt, Schlussblatt, z.T. farbiges Papier, (Broschüre)	Überschriften, Fließtext u. Aufzählungen, Deckblatt, Schlussblatt (Broschüre)	2 Spalten (eine Spalte für Ergänzungen), Deckblatt, Schlussblatt (Broschüre)	Tendenz zu Spalten u. Hinweiskästen u. unterschiedlicher Größe u. Form, Deck- u. Schlussblatt -> Broschüre
Schriftschnitt	keine Variation	kursiv bei Q&A, z.T. fett bei Überschriften	Unterstreichungen u. farbige Hervorhebungen, z.T. fett	Hinweise kursiv, Überschriften fett	fette Großbuchstaben für Überschriften, z.T. kursiv	fette Überschriften u. Hervorhebungen	Überschriften fett
Schriftfarben	blaue Kapitelüberschrift, orangene 2. Überschrift, grauer Text	blaue Überschriften, Hervorhebungen in anderem Blauton, Text in grau	abwechselnd blau u. grün, grauer Text	rote, blaue, beige u. schwarze Überschriften, schwarzer Text	schwarz	rote Überschriften u. schwarzer Text	mehrere Schriftfarben u. farbiges Papier
Format	Hochformat	Querformat	Querformat	Hochformat	Hochformat	Hochformat	verschieden
Seiten mit Bildanteil		28 von 31	15 von 39				Bildanteil gering u. wenn mit Personen
davon Personen		20 von 28	23 von 23				
davon Technische		5 von 28					
davon sonstige Darstellungen		3 von 28					
davon sonstige Darstellungen							
sprachlich:							
Ansprache vorwiegend	2. Pers. Plural	2. Pers. Singular/Plural, 1. Pers. Singular in Q&A	2. Pers. Singular/Plural, 1. Pers. Singular in Überschriften	2. u. 3. Pers. Singular/Plural bei Regeln, 1. Pers. Singular in Q&A	3. Pers. Singular/Plural	2. Pers. Singular/Plural, 3. Pers. Singular bei Verpflichtungen des Unternehmens gegenüber den Stakeholdern	5/6 mit direkter Ansprache Akzent eher auf Verhalten i.S.v. "Conduct"
Name des Dokuments	Commit To It - AT&T's Code of Business Conduct	Business Conduct and Ethics Code	Code of Business Ethics and Conduct	Code of Business Ethics and Conduct	STANDARDS OF BUSINESS CONDUCT	Your Code of Conduct	

B 1 - Analyse des kulturellen Stils der Verhaltenskodizes im Detail

Russische Unternehmen

	LUKOIL	Magnitogorsk Iron and Steel Works	Mechel	MTS	ROSNEFT	ROSTELECOM	SISTEMA	TNK-BP	GAZPROM	Russischer Durchschnitt
extraverbal										
Quelle: Eng.Version	Googlesuche	Googlesuche	Mechel Home Page > Investors > Corporate Governance	Googlesuche	Rosneft Home Page > About > Rosneft	Main Page > Investor relations > Corporate Governance > Internal regulations	Home > About Sistema > Corporate Governance > Corporate Documents	About TNK-BP > Code of Business Ethics	Googlesuche	
Quelle: Russ.Version	Googlesuche	Главная страница > Для инвесторов > Корпоративное управление	Главная страница > Корпоративное управление	О компании > Инвесторам и акционерам > Корпоративное управление > Документы ОАО «МТС»	Главная страница > О компании	Главная > Инвесторам и акционерам > Корпоративное управление > Внутренние документы	Домашняя страница > О компании > Корпоративное управление > Корпоративные документы	О компании > Кодекс деловой этики	О компании > Кодекс деловой этики ОАО «Газпром»	
Übereinstimmung beider Versionen?	ja	ja	ja	ja	ja	ja	ja	ja - nur Geltwert des CEO fehlt in russischer Version	ja	
Anzahl der Wörter	10770	3970	2400	3500	5230	2470	3880	2100	3900	3880
Seiten	62	14	6	10	18	7	11	11	18	11
Wörter/Seite	174	284	400	350	291	353	353	191		299
Urheberschaft	Geltwert vom CEO: A word from Vagit Alekperov, President of OAO "LUKOIL"	Vermerk des Board of Directors: APPROVED by Directors APPROVED by decision of the Board of Directors of OAO MMK	Vermerk des Board of Directors: APPROVED BY THE BOARD OF DIRECTORS OF MECHEL STEEL GROUP OAO ON OCTOBER 14, 2004	Vermerk des Board of Directors: APPROVED by the resolution of the Board of Directors of Mobile TeleSystems Open Joint Stock Company, December 15, 2011, Minutes № 190	Vermerk des Board of Directors: APPROVED BY ROSNEFT BOARD OF DIRECTORS ON DECEMBER 31, 2008	Vermerk des Board of Directors: Approved by the Board of Directors of OJSC Rostelecom on December 27, 2007 Minutes No. 12	Vermerk des Board of Directors: Approved by the Board of directors of Sistema JSFC Minutes No 02-12., dated «17» March 2012 u. Geltwert vom CEO	Geltwert vom CEO (nur in englischsprachiger Ausgabe)	Vermerk des Board of Directors: УТВЕРЖДЕН решением Совета директоров ОАО «Газпром» от 30 июня 2012 года № 2038	Approved by the Board of directors + Geltwert vom CEO, kein Autorenverweise bei broschürenartigem Kodizes
nichtsprachlich:										
Schriftsatz	Blocksatz	Blocksatz	Flattersatz	Blocksatz	Flattersatz	Blocksatz	Blocksatz	Flattersatz	Blocksatz	eher Blocksatz
Layout	wiederholendes Layout - Bilder fast immer an gleicher Stelle, rote u. grüne Kästen mit Do and Don'ts, Deck- u. Schlussblatt, Broschüre	Überschriften, Fließtext u. Stichpunkte	Überschriften, Fließtext u. Stichpunkte	Überschriften, Fließtext u. Stichpunkte	Überschriften u. Aufzählungen mit vielen Stichpunkten, (farbiges) Logopapier, Deckblatt	Überschriften, Fließtext u. Stichpunkte	Überschriften, Fließtext u. Stichpunkte/Aufzählungen	Überschriften, Fließtext u. Aufzählungen, (farbiges) Logopapier, Deckblatt	Überschriften, Fließtext u. Aufzählungen, Deckblatt	Überschriften, Fließtext, Überschriften/Stichpunkte, Aufzählungen/Stichpunkte, z.T. Deckblatt --> offizieller Charakter
Schriftschnitt	fette Grossbuchstaben für Überschriften	fette Überschriften	fette Grossbuchstaben für Überschriften, z.T. Unterstreichungen	fette Grossbuchstaben für Überschriften, z.T. Unterstreichungen	fette Überschriften, z.T. Grossbuchstaben	fette Grossbuchstaben für Überschriften, z.T. kursiv	fette Grossbuchstaben für Überschriften, z.T. kursiv	fette Überschriften	fette Grossbuchstaben für Überschriften, z.T. kursiv	fette Grossbuchstaben für Überschriften
Schriftfarben	rote u. graue Überschriften, schwarzer u. weißer Text	schwarz	schwarz	schwarz	beige Überschriften, schwarzer Text	schwarz	schwarz	schwarz u. grau	schwarz	eher schwarz auf weißem Papier, z.T. Firmenlogo
Format	Hochformat	Hochformat	Hochformat	Hochformat	Hochformat	Hochformat	Hochformat	Hochformat	Hochformat	Hochformat
Seiten mit Bildanteil	30 von 62							2 von 12		Bildanteil sehr gering
davon Personen	7 von 16							2 von 2		
davon Technische Darstellungen	4 von 16									
davon sonstige Darstellungen	5 von 16									
sprachlich:										
Ansprache vorwiegend	2. Pers. Singular/Plural (vor allem bei Q&A), z.T. 3. Pers. Singular/Plural	3. Pers. Singular/Plural	2. Pers. Singular/ z.T. 3. Pers. Singular/Plural	2. Pers. Singular/ z.T. 3. Pers. Singular/Plural	3. Pers. Singular/Plural	3. Pers. Singular/Plural	3. Pers. Singular/Plural	3. Pers. Singular/Plural	3. Pers. Singular/Plural	2/3 ohne direkte Ansprache
Name des Dokuments	Code of Business Conduct and Ethics	CODE OF BUSINESS ETHICS	CODE OF BUSINESS CONDUCT AND ETHICS	Code of Business Conduct and Ethics	Code of Business Ethics	CODE OF ETHICS	CODE OF ETHICS	Code of Business Ethics	Code of Business Ethics	Akzent eher auf Ethik

79